U0049240

歡迎光臨午場酒店

少女A

EP1

被公司開除後，想趕完論文的我決定到摸摸茶坐檯

能賺錢就好了吧

今年約九月中被設計公司炒魷魚後，前男友貼給我一個沒聽過的求職網站，邊滑著琳瑯滿目的職缺，邊想著要如何在工作之餘還有時間能完成論文，似乎part time job是一個能兩全的方法，又因爲愛面子不想跟家人講說被炒魷魚，需要經濟支援，但背後面對的是每個月的房租要繳交，我想著什麼工作都可以吧，能賺錢就好。滑著滑著手機看到一個徵人公告寫著「星XXX酒店~加LineXXXXX~小姐時薪1000起跳~不喝酒~不押證件~任意排班」我想著，這是酒店在徵人的廣告吧，但爲什麼有不喝酒的酒店呢？我不會喝酒，搞不好這個工作會適合我，而且說不定還有時間寫論文，沒想太多加了對方的Line，大頭貼是一個網美照的女生，應該是假照片。對方詢問了我的身高體重與年紀後，叫我傳了一張全身照過去。

「OK，可以了。」

「明天下午方便過來看看工作環境嗎~順便跟你說工作細節？地址在林森北與╳╳路交叉口。」

隔天下午我到了林森北路上約定的地方，外觀看起來是一棟老舊的商辦大樓，我在一樓等著「經紀人」接我上樓，在等待時我環顧四周，不時可見穿著休閒，有的腳上穿著夾腳拖，叼著菸的中年男子們，在一樓狂講電話，或帶人進電梯上樓，進進出出。接著從他們觀看我的眼光，感覺到渾身不自在，異常緊張。以前看過陳美華(2003)對台灣嫖客群的研究分析，不同社會背景、經濟與階級的客人，往往會追求「配得上自己消費品味」的性消費方式，高收入族群追求隱私、不曝光，往往到安全措施良好的店，而且爲了追求「談吐好」、「有氣質」的小姐，有著「絕對不去林森北路」的消費默契在，通常以南京東路或東區爲主。這裡出沒的人氣質與穿著明顯得有一種「台」味，跟我想像著酒店外面應該是穿著時髦的接待員、停著高級轎車的印象截然不同。

不知過了多久，一個穿著時髦，尚還稱得上型男的中年男子，在一樓電梯門前對我招招手，我們搭了電梯上樓。

「嗨，我叫 John，我先帶你上樓看一下我們工作環境。對了妳幾歲？二十七歲？看不出來欸。到了，我們上班地方在三樓，第一次進去如果沒有人帶會迷路。是不是已經不記得妳剛剛怎麼走進來的？這裡大概有幾百坪吧，我們上班的地方在後面。」

我心想眼前這個男子不疾不徐地講著一堆一堆的話，好像是個機器人在背稿。酒店裡面眞的很大，大廳連著另一個大廳，裝潢風格大概是錢櫃的再升級版，很直白地把奢華攤在眼前，小包廂都在隱密拐彎的走廊裡面。一進去撲鼻就是一個難聞的味道，混濁的菸味跟悶溼的密閉空間融在一起。那是一種你一走出去就想趕快回家洗澡換衣服，分毫不想讓這個氣味出現在你的私領域。路克邊在蜿蜒的走廊上走著，一間間推開小包廂的房門，看看哪間是空著的。

「這間包廂沒人，先來這裡講好了。怎麼有一個人躺在那裡睡覺？欸忠哥，起床了啦！我帶新妹來看看環境。哦對，他是忠哥，別看他臉好像很兇，以後有事就找他，他今天可能太累了。我先跟你介紹我們工作內容，在這裡小姐不押證件，不簽約，薪水是當天現領。被點檯一小時就一千，然後每天下班要扣兩百塊的清潔費，但如果妳今天只有做一個客人，那就不扣清潔費。上班時間基本上是下午一點到晚上七點，時間排班很彈性，基本上就當一個打工賺錢的地方，不要太有壓力。」

「我們這裡是午場酒店，不喝酒的，被客人點進包廂是一對一的，被摸被親是基本的，這妳可以接受嗎？至於要跟客人收小費做不做S我們這裡沒有強迫，妳跟客人價錢談好就好，最要緊的是把賺到的錢存起來。妳可以站起來轉一圈讓我看看妳身材嗎？嗯嗯可以，妳很瘦，基本上就穿緊緊的，有高跟鞋嗎？我們這裡是穿小禮服配高跟鞋，還有什麼疑問嗎？」

我聽得一愣一愣，所以呢？具體要被客人摸到什麼程度？我可以拒絕客人肢體接觸到什麼地步？S又是什麼？要怎麼收小費？午場酒店又是什麼奇怪的八大形式？最後我把這些疑問嚥了下去，只問了一句：「所以什麼是午場酒店？」

午場酒店的前世今生

由於現在八大產業類型多變，護膚店（手槍店／按摩店／養生館）、家庭式卡拉OK、piano bar、酒店（制服店／禮服店／便服店）、日式酒吧……等等。現在八大中比較流行的就是護膚店，消費中等，24小時營業，基本的配備就是可以做半套，也就是幫客人打手槍與口交，一檯是五十分鐘，整個過程不囉唆，從一進去先幫客人洗澡，洗澡完後在護膚床上與客人磨蹭挑逗，盡量引起客人的性慾，客人射精後就是工作終止。整個過程是高度標準化的，銀貨兩訖，也就是主要工作內容重點在提供性勞動(sexual labour)作爲契約關係。中低消費男性顧客會去護膚店，如果想去享受「花錢當大爺」的感覺，高消費力的顧客就會選擇酒店，小姐顏值與條件的要求也相對嚴格，這類小姐提供的則是高級性享樂的氛圍和服務，而不僅僅只有單一的商業性性行爲交易。

午場酒店說穿了就是摸摸茶的延伸，摸摸茶在黑話中也稱茶組、茶室、阿公店。以台北而言，摸摸茶早期在淡水那一代的漁港，時間可追溯到最早的一八六〇年後。摸摸茶客人多爲漁夫、工人等勞動階級光顧，所提供的服務也傾向於休閒、放鬆的型態，除泡茶、飲酒外，還有唱歌、按摩等一般娛樂，但另外隔開的小房間內，則讓小姐與顧客談妥價碼後，便可進行性交易，有著摸摸茶是「老派溫柔鄉」的這種說法。後來二〇〇四年當年市長大力整頓八大行業的前總統陳水扁，採取的方式是強力取締違規八大行業與電玩業者，予以斷水斷電，並施鐵腕掃黃，這也導致了摸摸茶走入地下化與沒落的原因之一。陳水扁連任市長失利，也與整頓八大行業有關，得罪了許多既得利益者及靠其生活的周邊產業，如黑道、計程車業者等。關於性產業與國家治理與性產業如何變成政治角力工具的更詳細研究可去爬梳日日春關懷協會與何春蕤老師一系列長期的研究。

回到午場酒店的形成，其實就是閒置空間的再利用，在前面說到因爲政治因素的掃黃運動而沒落的摸摸茶，當時很多小姐一夕之間就沒了工作。當時的時代背景當茶室小姐很多是因爲負債，她們負債很常不是因爲自己，是因爲配偶或家人。這是那個時代背景摸摸茶小姐的從娼故事，那這產業沒落後客人何去何從呢？我只能說任何禁忌出現的同時，也同時埋下了突破這個禁忌的慾望。大白天那個酒店空間空著也是空著，但資本主義總是能替慾望找到適合的擺放位置。一般來說店家會開設午場酒店的原因：1.分攤晚場酒店的營運成本（電費水費、店租）；2.避免客人和業績幹部的流動（客人沒事就來午場提早消費，然後也可以順勢將客人留在晚場。）所以午場酒店可以說是酒店附屬的一種消費型態，空間閒置的再利用，各店還是以晚場酒店作爲經營主力。而各家午場酒店的經營時間不同，以我工作的地方舉例，算是很早就開始營業，中午十二點就開門，直到晚上七點結束，午場的生意結束後再將空間還給晚上的酒店營業。其實跟晚上的酒店比，午場酒店營業時間相對很短，業績約只是晚上酒店的二~三成而已。因爲午場的營業時間短，相對的消費者也不多，所以生意量普遍不高，在午場工作的幹部或經紀人，自己很多也身兼晚場的工作來提升收入。

老闆好，我叫小惠

John：要幫妳取個藝名，妳朋友平常都怎麼叫妳？睿睿？這太難記了，還是妳身邊朋友有什麼綽號可以拿來用？小惠嗎？這好像沒人用，跟妳形象也滿搭的，那妳就叫小惠。記得自己的藝名喔，別人叫妳要記得回頭哦（笑）。妳今天這套豹紋的洋裝還不錯，但就是鞋子有點太保守，妳之後可能要去買更高跟的。這裡的客人也沒什麼，妳也知道男人就是色嘛，尤其妳說妳念兩性嘛，是嗎？那我應該也不用跟妳說太多，妳應該都了解，就是給客人摸啊、親啊，在包廂內脫光光是常有的事，這些都是基本啦。反正要讓他們覺得有花錢爽到，來的都是老人家，很多都不會硬，妳也不用太擔心會被硬上啦，有事情都可以衝出包廂來跟我或控檯說。我的責任就是照顧小姐，妳們有得賺，上班上得開心，我也開心，魚幫水水幫魚嘛。

其實John從頭到尾根本搞不清楚我在念的叫什麼，但對他來說手下那麼多小姐名字要記，眞的一個個都去記清楚可能會瘋掉吧，能幫他賺錢的就是好小姐。第一天到班，我還記得我穿的是一件H&M買的豹紋短洋裝，畫了一個不算濃的妝，外面穿著黑色薄外套，薄外套的目的是爲了擋住我的刺青，亦是爲了符合經紀人幫我創造的「小惠」這個形象。

來談談「小惠」在午場酒店到底是一個什麼樣的角色，她是A寶，是二十歲的大學生，是第一次在八大行業上班，一個沒有社會歷練，單純的鄰家女孩。小姐沒有角色設定的參考腳本、沒有職前訓練，一切只能根據經紀人大概描述的形象與談話內容自己去揣摩。從這樣的設定來看，大學生的身分必定要有其符合的「文化資本」，舉凡談吐、身體表演，這些設定也間接區分開來我與其他小姐的階層，以貼標籤的方式區辨小姐之間的市場價值，但也會造成彼此競爭的緊張關係。A寶在黑話裡面的意思是：不做S、不打手槍、不給摸下體，有些小姐甚至不給親嘴，但這界定有很多模糊空間，因此還有一個黑話是假A寶，這也是我後來工作一段時間後揣摩出的一套適合我的生存策略，這留到後面再細談。

就如同一般的服務業強調美學的身體勞動，午場酒店小姐也必須在自己的外貌與身材上下功夫，爲的是將外貌、身體資本轉化爲自身的經濟利益，對於小姐來說，穿著打扮的最主要原因，就是減少被客人拒絕、打槍的機會，因此一切要以穿出（針對異性戀男人的）吸引力爲要務。其實在午場酒店工作穿著除了洋裝外並沒有硬性規定，每個小姐的穿著並沒有一套公式或固定樣貌，而是隨著自己扮演的角色來去發揮。唯一的鐵律是在八大的性工作者，所謂的美觀好看，說穿了其實只有一種，就是將自己打造成符合女性主流美感的樣貌，而這完全是後天學習的結果。

李哥：來，看檯了，快點快點，啊是不會笑喔？

小姐們魚貫走出休息室，走到了隔壁包廂，裡面坐著客人與幹部。在這不合法的產業要進來消費一定要有幹部帶進來，以防帶來的客人是警察或是記者，幹部也要記得他每個客人的喜好：有的喜歡清純的或是豔麗的、敢玩的、年輕的，有配「服務」的，這些情報都是小姐的商品價值。小姐們一個個排排站好，坐在沙發的客人像在選妃一樣。我第一天上班被叫去看檯的感覺就是「視姦」，很直覺的非常非常不舒服，被坐在沙發上大部分都年過半百的客人全身打量。

李哥：來喔，站好，從最右邊開始……水水、未來、Gina、芸芸、香草……小惠，新來的啦，A寶。看好喔，記一下名字或穿著，等下跟幹部講。

李哥唱完名，就剩下幹部跟客人介紹小姐的私人情報。私人情報能涵蓋的東西很多，比如說這個小姐技術與服務好不好、態度如何、能接受到什麼尺度（全脫光？摸下體？）判別好或不好的標準，就是依靠之前客人回饋給幹部對小姐的評價。但幹部為了讓客人消費，謊報情報給客人的情況也不少見，一切利益至上，把客人推出去點檯，能收到錢就對了。

開始工作後，點我檯的客人大部分都是因為我是新妹，這段時間生意會特別好，稱為「蜜月期」。客人想要新鮮感，與A寶小姐形塑給人一種涉世未深、不諳世故的感覺，簡單來說就是處女情結與賺賠邏輯，用「女人身體珍貴」來掩飾對貞操的想像。客人喜歡那種「有吃到豆腐」的感覺，尤其是老異男會有「我花這點錢能碰到年輕女性的肉體」根本是賺到的想法，這種意識形態讓這些老客人得到騷擾幼齒女性的快感，這種客人也是「小惠」主要的客層。說實在的這些上了年紀的老人能去哪呢？去按摩店也硬不起來，去酒店喝酒對他們來說太傷身，也無法跟酒店妹拼酒，這豈不是很沒面子嗎？能讓他們還握著最後男性自尊的方式就是來午場酒店消費。

客人：聽幹部說妳新來的喔？來多久了？幾歲啊？（一隻手邊撫弄我的屁股，一隻手摸我的奶。）

我：對啊我今天剛上班，你是我第一個客人，我二十歲。

客人：還在念書喔？妳坐上來我腿上，對對（邊脫上衣，邊指示我親他的乳頭），我就喜歡妳這種的，很清純，其他妹喔那個風塵味太重了，我不喜歡啦。

我：哦對啊我還在念書，你是做什麼工作的？風塵味的小姐是什麼意思？（邊微笑邊吸他長出白毛的奶頭，撫摸他鬆垮的皮膚，心裡一直翻白眼，幹我真的是很想吐出來。）

客人：就那種染髮，刺青很多的，但妳長得很清純，感覺也滿有氣質的，所以一點點刺青還好啦，哦～妳皮膚滿白的ㄋㄟ。我退休了啊，今天被幹部call來說有新妹，我就來了啊。（手開始解開他的褲襠，另一隻手要往我內褲裡面摸。）

我：手不行摸裡面啦，經紀人說的。（邊推開他的手。）

客人：哪個經紀人說的？妳叫他來跟我說，妳就在這邊把我當男朋友啦，對我好一點嘛～（抓我手去摸他的內褲，雖然沒有勃起，但隔著他溼溼內褲我可以感覺到他龜頭的前列腺液，還傳來一股味道，真的好噁。）

我：只能在內褲外面摸啦，裡面真的不行。（奇怪我不是A寶嗎，他怎麼可以摸我下體？幹部沒跟他說嗎？）

客人：好啦一下就好，我摸毛毛（陰毛）給妳小費好不好？欸妳皮膚真的很好

摸誒，啊妳繼續親我奶頭。

我：哦……好啦，一下下而已喔。

（約莫過三分鐘。）

我：欸欸好了差不多了～（笑臉把他手推開。）

客人：還沒啦，哪有人說給摸只給人摸一下下的，沒人這樣拿小費啦。

不知過了多久，包廂內的電話終於響了，我手刀衝過去接，電話那頭是控檯小姐的聲音，控檯負責計算小姐進包廂的時間，一小時到會打電話進來。客人可以選擇續檯或不續。續檯分為：續半（半小時＝$500）續一檯（一小時＝$1000）。

控檯：要續嗎？

我：不要！（連問客人都沒問。）

我轉去對客人說時間到了，一邊把自己的衣服穿好。客人熟練的穿上衣服，穿著厚外套的拉起褲襠拉鍊，喝了口茶，丟了三百塊在桌上，沒有說話就走了。瞬間我覺得自己好下賤，默默拿起桌上的錢放到小包包裡。路克告訴我只要負責桌面和陪客人聊天就好，偶爾給客人吃豆腐，但是等到真要面對客人時除了微笑之外其他一概不知。這種狀況因爲我有新人「蜜月期」的護身符，剛開始的點檯率都不錯，一天如果沒有接S，但最少能坐到五台客人，一天最少五千塊是有的。但漸漸的客人失去新鮮感，如果自身沒有手腕讓客人變成回頭客，很快妳的收入就會陷入不穩，看著有的小姐一到店裡馬上有客人預約，然後一直被續檯，我好奇她們是如何做到的。下班進了家門，脫下菸臭味濃厚的衣服，狠狠的把全身洗了乾淨，但滿腦子想的都是如何在那段時間裡賺到最多的錢，如何力爭上游，酒店裡的場景慢慢變成一團黑霧在我眼前。

EP2

那個人要我踩著他的臉，錄下他被踐踏的樣子

寫到這裡，我沒有提到午場酒店的工作流程，事實上這也是性交易工作與其他工作最大的差異，就在於它欠缺一套清楚、明確的工作流程。而這背後的基本假定，就是性工作者對「性」這件事就是提供性，而「性」是「自然的」、「前於社會的」，因此不需要事情指導與訓練。但這樣的論點忽略了性行爲是學習而來的社會行爲，更不會看見性工作勞動是高度專業化的一個工作。而欠缺一套明確的工作流程，其實也是性交易易遭入罪化的結果，我剛工作時多麼希望坊間有一本教導初入行的性工作者如何從事性交易的工具書啊。所以我將詳細說明所我每天的勞動過程，與我會面臨怎樣的勞動條件和工作風險。

奇妙的地景部署

每天抵達三樓，進入到玻璃的自動門內，冷氣風口混雜著好幾種難聞的味道灌入口鼻，偶爾還有果蠅趁機逃出飛旋於身上。在摸摸茶裡面規定，小姐被點檯進入包廂後是不准帶手機進去的，但很多小姐還是會偷偷帶，有時候客人會對印象好的小姐私下要求聯絡方式，以便可以跳過幹部與酒店的抽成，直接外約小姐出去。

酒店裡到處都是這種拐彎走廊，每條走廊幾乎一模一樣，第一天到班就心想「這種地方，沒有人帶路的話，誰找得到啊？」儘管後來上班快一個多月了，我偶爾還是會迷路。酒店分ABC區，我所工作的午場是C區，也是整個酒店空間的最隱密處，AB區是大廳與晚場酒店的包廂，這兩區的坪數大概占了整間酒店的三分之二，雖然這三區是連在一起的，但在動線設計上故意的凌亂，刻意的算計，它充滿狡猾詭詐，也被有意的按照用途部署起來。C區「理論上」來說是不存在的，要進來這區你得先通過一個很像是「只限員工出入的門」才得以到達C區這塊黑暗大陸。事實上每一個有在經營性產業的地方（護膚店、酒店、茶店……）都有這種門，好比薛丁格的貓，呈現一種又死又活的荒謬性。如果遇到警方查緝，要從大廳門口走到這裡也要花好幾分鐘，那時候「不該出現的」景象也早已煙消雲散。

在台灣，雖然法律允許地方政府劃設性專區，八大行業可在性專區內營業，但台灣對性產業的社會觀感仍是「偷偷做、不能說」，沒有一個縣市首長敢冒此大不韙公告設立性交易專區，台灣的性專區數目依舊是零。

走廊右側的其中兩間包廂是直接當作小姐的休息室，有分抽菸區跟不抽菸區，不抽菸區的休息室較小，而因為空間限制，彼此坐得近，自然互動也會多，我都待在不抽菸區的休息室，也因此自然會覺得跟這裡的小姐情感上比較親密。左側則是有一間包廂是「控檯室」，顧名思義就是控制並調配小姐坐檯、計算節數的房間，閒雜人等不准進入。一到班要先去這邊報到，就像是上班打卡一樣，下班也要去控檯室領錢。小姐被點進去包廂坐檯後，時間到了，要打電話進去包廂提醒小姐，這大概就是控檯的工作內容。

控檯室是我覺得酒店內唯一一個有實際制度的依歸，記錄檯數、算小姐的薪資、記錄時間、記住每個小姐的名字與面貌、保管小姐的財物，這些都是可以看出我所工作的午場酒店是一個高度組織化的地方。組織化可能的好處是，小姐們不需自行招攬客人，同時，八大行業者的合法經營執照也具有「保護」性工作者免於被警方取締的風險。但反過來想，組織化程度越高，性工作者自主性越低，不得挑選客人，固定工時，公司抽成……等等，有好有壞。

登記報到的是一對姐妹，我都叫她們控檯姐妹花，後來才知道姐姐是李哥的老婆，個子小小的，皮膚黝黑，視覺上看起來年紀大我一些，不太苟言笑，大多時候看到她都是低著頭在記帳跟算錢。相較之下妹妹活潑外向，應該跟我年紀差不多，她負責在一塊白板上寫上今天到班的小姐，跟保管小姐的錢包或其他物品，人很隨和。因為我都沒在對發票，我會皮夾內把發票給她，每次她拿到一疊發票都會很搞笑的跟我說：「謝謝老闆～謝謝。」「小惠妳今天穿得很好看喔~這件去哪裡買的？多少啊？」偶爾妹妹會跟我聊到穿著的話題，因爲一到班就要先去控檯室報到，這時我都穿著平常的衣服，報到完後才會去小姐休息室更換成小禮服。從她的眼神與對話裡，我推測她應該覺得我跟其他小姐「不太一樣」，我自己也很清楚我的中產階級家庭背景、我的學歷跟教養等等，一定跟其他小姐有文化資本上的階層性差異。這點怎麼掩蓋也掩蓋不了，光是穿著與說話用字的差異，讓我剛開始很難跟其他小姐產生互動，或者從她們看我的眼神感覺到「怪怪的」。小姐們之間的階層化現象，不只是外在的身材資本差異，連帶文化資本上的差異也會爲不同小姐帶來不同的市場價值。我就聽過一個我的回頭客這樣講。

客人（外觀約五十幾歲，某私立大學教授）：我覺得跟妳聊天起來，妳跟其他小姐不太一樣啦，所以才點妳的檯。妳看剛剛看一排小姐走出來，就覺得妳還滿有氣質的，跟妳聊天後妳說妳唸研究所的，我就更喜歡了。念研究所的講話就是不一樣嘛，滿有氣質的。像我自己每次上課都會幻想自己跟年輕的學生搞，但沒辦法嘛，只能來這裡找妳啦，而且妳書又念得多，不像那些美眉，有時候不知道要跟她們講什麼……啊妳什麼都能聊，滿新鮮的。

透過客人對小惠的描述，讓我更清楚自己跟其他小姐的區別在哪，我的優勢在哪，以及哪種類型的客人是能有機會成爲我的回頭客，讓客人留下深刻印象，建立在不只是一次性的消費關係。但同時這種區別也讓我苦惱，一開始讓我覺得這樣會造成小姐與小姐之間彼此競爭的緊張關係。我常常想我會不會被其他小姐討厭？我有沒有顯露出高人一等還是自以爲是的樣子？我一定要盡力「藏」起來這樣的「模樣」，我要當個好相處的小姐。

紅字？在八大中很不吉利

我：小惠到班～

控檯妹妹：小惠到班，啊有沒有紅字？

我：沒有～

控檯妹妹：好喔，快去換衣服。

紅字是專屬於酒店的術語，指的是小姐生理期來的意思。到班的時候控檯一定會問有沒有紅字，有跟沒有的差異，對於酒店、客人、小姐影響是十分大的。剛開始我自己也抱著疑問，我的生理期爲什麼要大剌剌的讓大家知道？對於客人來說，除了無聊的傳統忌諱，認爲月經視之爲骯髒不潔的。如果遇到自己當老闆做生意的客人，小姐的這個情報對他們而言就更重要了。另一層面是，小姐生理期來，表示她們無法做「S」，對於目的就是放在性上的客人，這時候就會「打槍」小姐了。「打槍」可以說是最能滿足客人展現消費者主權的時刻，有時候小姐爲了順利取得性契約，避免被打槍，會對控檯謊報紅字。被抓包的小姐後果會很慘，首先是面對帶檯經理（忠哥）的不信任，李哥必須對客人負責，如果客人向李哥舉報說小姐其實有紅字，那等於直接破壞經理跟消費者之間的信任。午場酒店的客人都是從以前摸摸茶店時期就開始消費的老客人了，跟酒店的幹部、經理不僅僅是消費者與經營者的關係，有時候倒反而比較像老朋友，沒事就來朋友的店捧場的感覺。年紀大的客人的用語都會是：

我很早就認識XX幹部，李哥，跟著他們十幾年了，他們帶我去哪裡消費我就跟著他們嘛，因為認識很久了啊，從以前他們自己在開摸摸茶店就認識了，他們不會介紹不好的小姐給我啦。忠哥推薦的都是有口碑的。

由此可見，午場的客人與一般酒店客人的不同之處，在於客人、幹部、經理三者之間有老時代就培養出來的一種微妙信任關係，我認爲可能是舊時代集體記憶，與懷舊感所致，讓客人有著不只是去消費當大爺，而是多使用「捧場」這類比較有溫度的詞語，來說明到午場酒店的目的。而幹部或經理在私底下也會對客人噓寒問暖，或是靠偶爾揪客人出去喝酒，來不斷維持彼此間的熱絡度，所以即便客人今天原本無到店消費的意願，在經理與幹部的寒暄跟熱情的攻勢下會改變心意而願意來店消費。雖然每次聽到幹部對著電話那頭的客人懇求說：「我今天手下小姐都沒開檯，你可不可以來幫我一下啦~給我一點面子，不然今天業績很難看。」明明都知道那是話術，但客人不知道實際情況就好了，有時候還會對幹部心存感激的幫我招攬客人。總而言之，小姐和經理、幹部之間的關係都是處在一種和諧和互利的狀態，彼此之間的權力關係是多元性而不是單一絕對的。

而爲什麼小姐要謊報紅字呢？前面我提到由於午場的營業時間短，小姐必須在這段時間上班賺取最多的錢，壓力可說是相當大，每次上班都像在倒數計時。相較於24小時營業的護膚店，小姐有充足的時間可以賺錢，自己決定今天要做幾小時，覺得今天錢賺夠了，或累了，如果沒有客人預約，就跟控檯講一聲就可以走人下班。

控檯妹妹：XX有沒有紅字？

藍藍：沒有。

控檯妹妹：我再問妳一次喔，有沒有紅字？妳確定沒有？（音量放大）

藍藍：沒有啊！

控檯妹妹：妳還說沒有！妳看，妳棉條的線都露出來了！

（小姐氣得頭也不回地跑進休息室）

控檯妹妹緊追在後，進到休息室「警告」這個小姐。

控檯妹妹：妳下次再這樣就不讓妳報班了，這很嚴重妳知不知道啊？

藍藍：……（低下頭不回應）

小姐休息室的門不會關著，我想一個原因應該是客人經過小姐休息室的時候可以看到小姐「自然的樣子」滿足他們的窺淫癖。也因爲門從來不關的潛規矩，控檯室的對話我聽得一清二楚，心裡暗暗地想，原來觸犯到行規有那麼嚴重啊，那我千萬不行謊報。在休息室想著怎麼明哲保身的我，毫無預料到這衝突延伸到休息室裡，我下意識低下頭，不跟藍藍有目光上的接觸。控檯妹妹訓斥完藍藍後就走回去了，這時候休息室只有我跟藍藍，其他小姐都已經被點去坐檯了。

我想繼續專注在我的書上面，但思緒早已被剛剛的風波打亂，我該上前關心她嗎？還是不要多管閒事？畢竟我從來沒有跟她說過話，甚至連她是不是叫「藍藍」我也不是很確定，這應該是爲了我方便記憶，在心裡給她貼的標籤名。我有到班的時候幾乎都會看到她，她應該是屬於每天都排班型的小姐吧，常常看到她穿一件淺藍色的短禮服，禮服短到微微彎腰就能看到屁股蛋，眞是可愛的小心機。長長的臉蛋、還有一雙總是泡泡的大眼睛，大概是掉過許多眼淚，泡泡的眼皮裡面藏著憂傷。每次看到藍藍，她好像都很累，大部分在休息室裡面的時間都在睡覺，好像幾百年沒好好睡覺了，每次下檯後都蓋著外套睡得很沉，醒著的時候狂灌redbull，這大概是我對她最淺薄的印象。

嗚嗚……嗚嗚……

坐在我對面的藍藍被訓斥過後開始哭了，一開始先是小聲地啜泣，後來開始邊哭邊丟東西，桌上不知道是誰的零食、空的飲料罐，藍藍在滿滿化妝品跟零食飲料的桌上掃出一個空間，讓她能趴在桌上哭泣。我不知道該怎麼做，我不喜歡這種感覺，休息室空調一向冷冽，尤其是現在。哭了一會後，藍藍拿出手機撥了電話，這時我才注意到她手腕上暗沉色的一條條疤痕，我一下就知道那是什麼，因爲我也有。

藍藍：我要走了，我現在就要走，我不要在這裡了，這樣要我以後怎麼在這邊做？太沒面子了……嗚嗚……我現在就要走了，我要換去別的地方。

藍藍對著電話邊哭邊說著，然後開始收拾包包與換上一般衣服，我猜電話那頭應該是她的經紀人，小姐如果在一個地方做不合適，經紀人帶小姐換去別的店上班也是常有的事。經血的賤斥(abjection)在這裡似乎是再合理不過的事，也只能順服規定。

「骯髒管理」在賣身產業既矛盾又有著各種變型，某些事物之所以會被視爲髒的，是因爲它僭越了社會秩序，擾亂了某個文化上的體制。經血被視爲骯髒的，那更奇怪的事情來了，客人的體液交換何嘗不是呢？親吻、口交甚至性交？這裡有很多小姐之所以染上性病，多數都是因爲客人帶來的，並非一般外界想像的「小姐才是潛在的性病傳染源」，尤其小姐在勞動過程中會盡量避免與客人危險的體液交換，也就是請客人戴上保險套。但還是很難防止有些盧洨的客人拒戴，或者在客人價錢不斷加碼攻勢之下，有些小姐爲了想賺幾千塊的「S」錢，也難免對客人妥協。其實小姐對於骯髒管理比任何人都嚴格，甚至成了日常勞務的重要環節，身上隨身攜帶酒精、定期去婦產科檢查、每天吃維他命C來增強抵抗力，這些在休息室跟小姐聊天的對話都可以聽得到。

「欸我推薦這款維他命，滿便宜的，一罐才99，我在康是美買的。」「哦？眞的嗎我下次去買買看。」「這款用噴的婦潔，感覺滿方便的，我今天買的。」「有用嗎？會不會有奇怪的味道？」「不知道欸，我還沒用過，妳要不要去廁所試試看？」

純潔無瑕的客人VS需要不斷證明並非是「不潔的他者」的小姐，這種狀況眞是詭異，明明小姐們都意識到危險邊界的存在，並很努力去維持不去讓這個界線崩塌。我邊掐著我看不下去的書陷入沉思。突然聽到李哥在走廊上呼喊我的名字。

去你的橘背心

李哥：小惠！小惠！

我：（走出休息是探出頭去）幹嘛啦？

李哥：出來給客人看一下啦！

我：喔好。

我看到一位年紀約三十幾歲，戴著細框眼鏡穿著色顯眼的橘色背心，裡面穿著一件T-shirt，看起來斯文，打扮土到令人印象深刻的男子。他輕聲細語的跟忠哥說：

橘背心：可以請她把鞋子脫掉一下嗎？

李哥：好，欸小惠妳高跟鞋脫掉一下給客人看。

我把高跟鞋脫掉，客人仔細端詳了我的腳趾，雖然我不知道他想要幹嘛，但身上一股冷意上來。

橘背心點頭跟忠哥示意。

忠哥：好喔，小惠一檯，去跟控檯講妳上檯了，妳去F11。

小惠：喔……好喔。

我走回休息室，藍藍跟我擦身而過，從這天之後我再也沒看過她。我提著我的小包包，準備去接待等一下的客人。

在進入包廂接待客人前，小姐們要到一個類似準備區的地方，拿一些進入包廂前的一些「用品」，工作的第一天John親自示範過一次給我看。

John：妳要上檯前先來這邊，有看到旁邊有冰桶嗎？裡面是茶，拿吧檯上的紙杯裝一杯，這是要給客人喝的。旁邊有杯水，妳可以拿兩個，一個給自己，一個給客人，記得拿吸管喔。再來是妳看左邊有一桶紙巾，看個人啦，每個小姐都抓一把放在盤子上，啊這些東西都是要帶進包廂的，出來也是要整個拿出來喔，不要亂留垃圾在裡面，忠哥會唸。基本上就這些，啊妳出包廂的時候就直接整個上面的東西全倒在另外一個垃圾桶就好。這樣有記得嗎？

茶嘛，畢竟這裡是摸摸茶，可能是爲了保留以前茶店的習慣而留下來的，現在已經成爲一種虛設，停在象徵層面上。來了一兩個禮拜後，我發現其實最常喝那杯茶的人是我，普通廉價的香片茶，客人多半喝不上口，但我卻覺得特別好喝，等客人來包廂的時候，或沒話題跟客人聊的時候，我就會喝茶，一口接一口喝下去，驅散包廂內的寒意。紙巾則是有「超實際用途」的，被客人摸完、舔完，我會拿來擦拭身體，或客人的精液。通常我的小包包裡也會自帶酒精棉片，拿來消毒下體，這真的不是什麼聰明方法，75%的酒精棉片經過妳的陰部，那感覺就像有人在妳那邊開澳洲森林大火趴。即便燒灼痛感難以忍受，我也不想冒著事後花大錢治療性病的風險，林森北最厲害的婦產科是沒有健保的。

小惠：你怎麼會點我檯啊？我看你好像滿常出現的。

橘背心：我都叫認識小姐的檯，想說今天……嗯……就試試看新的，剛剛幹部一直推妳。

小惠：真的喔？那你跟之前小姐都在幹嘛？還是你今天有想要特別做什麼？

（坐靠近他）

橘背心：恩……妳腳很好看……可以把高跟鞋脫掉嗎？

小惠：可以啊！（抓他手來摸我腳）

橘背心：那個……我想要躺下來……然後妳把腳放到我臉上。

小惠：你確定要躺在地板？地板很髒耶，我可以在沙發上踩你。
橘背心：沒關係，我躺著，妳下來，把腳放在我臉上讓我舔妳腳趾，然後大力踩我臉。

就這樣，我把腳放在他臉上，任由他的舌頭在我腳指縫中亂鑽，腳趾縫內滿是他的口水。我以爲這裡的變態我已經見得夠多了，這個狀況我還是第一次，讓我最氣的還是李哥，他跟我說這個客人「很好應付」、「不會要求有的沒的」，說到底就也是話術我嘛，也反映出這裡的性腳本想像是很侷限的，止於身體上可以被量化的交易。明明這裡的客人要求千奇百怪，小姐也都會配合客人來改變玩法，但能被量化，化爲他們經濟利益的，他們才願意「看到」。

橘背心一直叫我踩他的臉，「再大力一點！」越大力他越興奮，他拿出手機，要我錄下他被踩的樣子。原本我很驚恐，再後來我的驚恐幾乎要被稀釋了，或者說，我對我的極限認知輪廓又再擴張了一點。「或許我這個念性別研究的應該要對性癖有更寬的接受度」、「我應該不能因爲他的性癖討厭他」這些話一直在過程中出現在我腦海，但驚恐感是很難用言語分判釐清感知的。我以前有被繩縛、被打、被羞辱的經驗，也就是在ＢＤＳＭ的情境中我是屬於被支配、臣服的角色。突如而來要進入另一個角色，一個施虐者，這是我在陪侍任何一個客人都沒做過的事，最累的莫過於我在這一小時中要大量花很多情緒「深層表演」，表現出享受的樣子，結果就是時間到後有種burn out感，而且這不是身體上的性行爲所以拿不到任何小費！

出來後我跟李哥抱怨。

李哥：啊他又沒有要妳「幹嘛」，就踩他臉而已，這已經很輕鬆了吧！

李哥的回應讓我無語，我「失語」無法表達剛剛一小時內我經歷的「劫」，只能在內心默默地罵：「媽的死橘背心，就別讓我再遇到你。」

粉粉的故事

下檯，回到休息室，我總是坐在最裡面的小沙發，突然有兩個剛到班的小姐，一走進來就一起坐在我旁邊。那位置頂多只能擠三人，突然我安靜的小沙發區就變搖滾區了。坐沙發最內側的小姐拿出魷魚絲狂嗑，她把零食遞過來，問我跟另一個小姐要不要吃，剛好我那時候剛下檯，又還沒吃午餐，有免費的食物我當然欣然接受。在她邊嗑零食邊換衣服的時候，魷魚絲小姐又突然跟我搭話：

魷魚絲小姐：欸今天生意怎樣？妳做幾檯了？

小惠：今天客人滿少，我剛坐一檯，妳叫什麼啊？我之前沒看過妳。

魷魚絲小姐：我叫粉粉，我才剛來一個禮拜，妳來多久了啊？

小惠：我來……欸……一個多月了吧，算久了，喔……我叫小惠。

粉粉：幫我看一下我內衣有沒有露出來。（站起來喬衣服）

坐中間的小姐：肩帶露出來了啦，妳胸罩顏色好老氣。

小惠：對啊，妳幹嘛穿阿嬤內衣？妳內褲顏色也是。

粉粉：去死啦幹。（笑笑的嗆回我跟另一個小姐，坐下來繼續吃魷魚絲）

本來想哈啦完繼續低頭玩手機，但顯然我無法專心，休息室有太多的事件不斷鑽進耳朵，太多畫面任意占據視野，專心變得困難。我聽到粉粉跟其他小姐的聊天內容，她才來一個禮拜，似乎跟大家都很熟識，身爲內斂的雙魚座，很容易被這種外向健談的人吸引。恕我忘記另一個小姐的名字，記得她沒來多久後就消失了，小姐們都來來去去的，許多名字在我腦中迸現又消失，我希望她有了更好的去處。休息室大多是疲憊的面容，很少看到像粉粉一樣在休息室裡那麼有活力的，彷彿異景。尚未理清頭緒的我，很想搞清楚她的活力是哪裡來的，剛認識粉粉的我，也不知道後來會跟她發展出友誼，聽到她講述一瓣又一瓣的傷痛……

EP3

小姐的階級，性工作者的補習費

跟粉粉認識後，我們都會把班排在一起，沒上檯的時候可以在休息室聊天，休息室最裡面的沙發變成我們倆的固定席。漸漸的我發現她報班次數越來越多，從一個禮拜三至四天，變成一個禮拜五天都有班，反倒讓我好奇了，她這樣是上檯上得不錯所以才天天報班嗎？還是上檯上得不好所以索性就每天來，求一個客人隨機點檯的緣分？有一次趁只有我們在休息室的時候，就問她：

「妳最近很常來欸，最近生意有那麼好嗎？」我湊近到她身旁。

原本我預想粉粉可能是上檯上得不錯，想打鐵趁熱才一直報班，所以我想知道其中的訣竅，但沒想到答案卻截然相反。

「哪有啊，是蘭姐要我每天來的，妳沒看我坐到現在都沒開檯。」

「而且今天客人很少，應該一直在這邊坐到七點吧。」

說完粉粉悠悠的問我可不可以吃桌上的薯條，我點頭，薯條是我在酒店樓下麥當勞買的套餐，有時候一到班，就被客人點去坐檯，連午餐都來不及吃。下檯的時候薯條跟漢堡已經開始軟爛、滲油，我便沒心情吃了。

「蘭姐是誰啊？」

「我經紀人啊！她超煩的，叫我每天來。」粉粉邊吃著薯條，邊滑著手機說著。

「妳們有簽合約嗎？不然幹嘛叫妳每天來？每天來也不一定賺得到錢吧？」

粉粉放下手機，語帶無奈的說：「對啊，也沒辦法，誰叫我欠公司錢。」

說完，我看她薯條已經整包被她吃完，她日光停在我沒心情吃的麥克雞塊上，我拿起麥克雞塊，打開盒子示意要給粉粉吃，粉粉沒有伸出手來拿。

「吃啊，我沒胃口吃，反正放著也浪費。」我不死心，再遞給她一次。

「蛤，可是我已經吃妳的薯條了，有點不好意思……」

「沒關係啦，只是雞塊而已，妳沒有吃午餐嗎？」我看她迅速的掃光冷掉的薯條，臉色看上去也不大好，不免擔心起她的飲食狀況。

「我沒吃欸，我要把錢留著到晚餐再吃。」

「晚餐再吃？那妳這段時間餓了怎麼辦？吃零食喔？」

「嗯對啊，我都先吃餅乾擋一下。」語畢，粉粉可能不想再被我刺探，終於拿起雞塊放入口中。

粉粉的回答令我有點失措，雖然她上檯上得不算好，但有至於那麼慘嗎？又想到我的麥當勞午餐，常常都是只喝了飲料後，食物原封不動的放到七點下班，粉粉卻連買午餐的錢都不敢花，餓了也不好意思開口，這樣的對比下，我不禁一陣困窘。

不是因為任性

因爲跟家人相處的不好，加上家人收入所得也不是特別高，高中畢業後的粉粉爲了想賺「屬於自己的錢」，便跑去當了三年的職業軍人。聽到她這樣跟我講，我循線連結起有一次在休息室看到她換上衣服時，她身材比起其他小姐稍微來得厚實，手臂也看得出一點肌肉線條，整個身型視覺上看起來較一般人硬挺些，原來是當過軍人的緣故。

在當了三年職業軍人後，家人希望她能繼續從軍，對於沒有一技之長的她這或許是經濟上最穩定的保障，但粉粉實在不喜歡。所以她逃了，從花蓮逃到台北，想要學到一技之長，憑著自己的實力在台北存活下去。在家人眼中這樣的行爲被判定爲「任性」，因爲粉粉的「任性」舉措，家人也不給獨自在台北的粉粉經濟上的支持。「任性的逃家」這個說法很不公平，高中一畢業就從軍，在別人大學時期可以蹺課、談戀愛、交朋友的時候，粉粉在軍中就過著與年紀相仿的人截然不同的生活。更別說個別女性進入高度以男性爲中心的機構，可能抵觸或衝撞軍事體系的基本價值，如果在裡面又缺乏感情支持系統，自己就要承受極大壓力。但我也沒有很詳細地問她當兵時的經歷，她只淺淺地用一句「就眞的很累啊！」來帶過，一反平日裡給人不拘小節的個性，似乎沒有想要多談。

我想，她可能只是從小小的一個念頭開始，「再忍耐一下就好，再一下吧。」、「再撐一下吧。」這中間在家人期待與自己之間拉扯、湧動著，最後形成大浪，「眞的無法再忍耐了。」粉粉選擇逃離原生家庭，說是逃離，我覺得比較像是逃難。

幽暗谷底堅持發出光的物質

粉粉跟我一樣，都是跟家庭關係不好，才跑來台北。但我跟家裡關係是屬於疏遠放任型，但眞的有困難，我知道我的家人會願意幫助我。也就是說，我的狀況並不是一般人眼中對性工作從業選擇的刻板印象，來自於家庭功能不完整、父母親疏於照顧等等。反而是家人的期許讓我壓力太大，我主動選擇疏遠。粉粉跟家庭關係的「不好」則是屬於被家人拒絕型，逢年過節也無法回花蓮，屬於眞的得靠自己在大城市摸索的「生存型」。但粉粉在高中到當兵這段時間很少離開家鄉，第一次離開家鄉就是一個人在不熟悉的環境，不知道怎麼寫履歷、投工作、沒有熟識可以接應她的朋友，在地緣上是眞的從零開始的邊走邊打怪。而我不是第一次離開家鄉，大學時就在台南念書，畢業後曾短暫在台北工作一兩年，對於要怎麼獨自料理生活、如何像別人一樣社會化的將某些尖角與毛邊適度收好，都有一定程度的鍛練過。

「那妳當兵賺來的錢呢？沒有存起來嗎？那應該夠妳生活一陣子吧？」

「也沒有多少錢，而且我全部拿去投到直銷跟補習費上面了啊。」

在網路上認識的網友，拉她去做直銷。因爲被原生家庭拒絕，造成精神長期緊繃，決定將手上的錢放手一搏，求一個可以維持穩定生計的機會。我聽起來這樣沒有一個規劃就把錢全部投進去，眞的像是在逃難時看到浮木就緊抓，但也完全可以理解。我踏入午場酒店的時候也是以爲看到了綠洲，不顧一切就往前跑。

「直銷叫妳一開始要先買產品，所以我又跟地下錢莊借了十五萬，拿了十二萬去買產品，剩下三萬當生活開銷……但我直銷就做得不好啊……不好意思叫朋友來當下線，因爲那就是，妳也知道，就是……好像有點在騙人吧。」粉粉吞吞吐吐的說完，菸不斷的抽。

在菸味與她難過的故事夾擊下，我整個人有一點暈頭轉向。粉粉卻一直很注意不去喝到我的飲料，她來我家找我時，我叫了兩杯飲料請她喝，她很小心地拿起飲料查看水平線高低，用來分別哪一杯是我的。

「這杯比較多應該是妳的，但我剛剛好像有不小心喝到妳的，抱歉欸。」

我露出困惑的臉，只是一杯飲料而已。她的話中包含了深層的道德意識，生活再艱難也不想造成別人的困擾，就像在幽暗谷底堅持發出光的物質，雖然她自己並沒有意識到。

「那補習費是什麼？」我問道。

「那是另一個網友，之前他介紹我去韓國做那個（性工作），但因為要先學一點韓文，我就先用自己的卡刷了，後來到韓國還沒開始工作，就先被抓了，所以就遣送回台灣了啊，現在在等判決。

「所以我就去年回來台灣，後來也是被人經紀介紹就去八大工作，我先去做六條通還有養生館，但也不是上得很穩，中間就有去做過餐飲業啊、旅館櫃檯、藥廠包裝，是很穩定沒錯，但就……賺太慢了，而且我又有欠錢，只好回來再繼續做八大。」

從粉粉的口中得知，她其實有過一般主流價值觀認同的工作經驗（餐飲業、藥廠包裝……），且對於金錢的道德觀念是很重的，她跟銀行談好，讓她現在一個月先還三千，之後經濟情況比較穩定時再還多一點。這點真的讓我很佩服，說不出確切的原因，但心裡扎扎實實的就是佩服的感覺。

雖然我跟粉粉都有被錢追著跑的壓力，可是我並沒有欠債，我因為一時運氣不好碰到地緣，且與制度無緣，所以選擇進入性產業工作。但並非一時運氣不好就會直接從事性產業，一個很大的原因是「孤單」，客居他鄉的孤立感鬆動了個體在心理上和其社會關係上的約束力，在心理需要獲得的需求和滿足感也就欲求更多。相對的精神上的貧窮讓我積極追求各種機會，找尋能快速平衡自己心理被剝奪感的工作，加上在大城市對社會階級高低會更為敏感，性產業快速豐厚的工作報酬正符合了這些需求。對於當時的我來說，除了能夠擺脫一時的貧窮，追求提升經濟生活的工作，也是一個積極的人生目標！華服美食可以讓貧窮稍微鬆放了爪，暫時離開斑駁的日常。

在日本作家鈴木大介《最貧困女子》一書中，提到貧困和貧窮的差異，貧窮人雖然所得低，但如果家庭或人際上願意幫助，還是可以過生活。而貧困則是精神上的貧窮，不知道怎麼求助的狀態（或根本不知道哪裡尋求資源）身邊亦無家人或朋友願意幫忙，就算一直想擺脫眼前的狀態，但也不知道從何開始，粉粉在這種狀態下不小心做了一個錯誤的決定，便一直陷在泥濘裡。

現在只能先這樣吧

「所以妳怎麼會跟公司欠錢？妳是跟蘭姐借錢喔？」粉粉來我家聊完天後，我心裡還是有很多疑問，我知道我們入行的原因差很多，但實際上到底差到多少？就算每天來上班來是無法還債嗎？有一天在休息室，我突然想到這個就問她。

粉粉把我拉過來小聲地說：「那個就是蘭姐（指），我有跟公司簽合約啊，因爲我要還卡債，所以先跟公司借錢來還一點，現在還要還公司錢。是蘭姐把我安排到摸摸茶，我摸摸茶完還要去酒店上班，累死了，我生病還不讓我看醫生。」她抱怨道。

我知道粉粉指的那個歐巴桑，個子小小的但長得一臉精明樣，視覺上看起來就不討人喜歡，每次來上班都會看到她在走廊徘徊。粉粉剛到摸摸茶工作之後就一直看到她，我只知道她應該是某個小姐的經紀人，但沒想到居然是粉粉的。她在午場酒店出現的頻繁程度，已經算是盯哨了，連我的經紀人John都沒有每天來，因爲John手下還有其他小姐，有時候可能陪晚上酒店的小姐一起上班到凌晨，隔天就會睡到下午三、四點才來，或是直接不出現，蹺班比我還兇。

「妳生病還不讓你看醫生？太扯了吧！妳今天也沒客人幹嘛不放妳走？」

「她就會說我裝病啊，我是真的心臟不好要固定看醫生，今天是有點發燒。她就會說我藉口一大堆，不然就是叫我去打針完後再叫我回來，欸我都已經不舒服成這樣了，怎麼可能啊。」我看她滿臉通紅，便把手放到她額頭上。

「欸好像真的有點燒燒的，還是我幫妳跟我的經紀人講？」

「不好吧，而且我晚上還要上班，我剛有喝 redbull 了，等下再看看吧。」說完，她繼續滑手機。

「這真的很不ＯＫ啊！」我心裡這樣想，雖然都一起在午場酒店工作，但光是我跟粉份的階層性差異就那麼大。粉粉每天來上班，先是妝髮費用可能就要自費到三至四百塊，意即上班前的身體工作(body work)符合主流美學，再轉化成經紀業者的經紀資本。上班後，無論那天有沒有上到檯，下班之後都要繳給蘭姐一千塊，蘭姐再將錢交給經紀公司，晚上還要去公司指定的酒店上班，就算生病了也很難讓她休息。最常見的做法是，帶她到醫院打退燒針，再送回來。在高度組織化的規範與監控下，有時候自己整天沒賺到錢，就要先墊一筆支出。而我並沒有跟任何經紀公司簽約，是我主動找到這份工作後，由午場酒店派一位經紀人給我，由於沒簽約，相對來說我的自主度很高，我可以自己安排上班時間。有時候本來當天要上班，結果心情不好就不去了，John還要很無奈的打電話來：「下次不要再這樣了啦～」

蘭姐跟粉粉的相處狀況，在現在眞的算少見的例子，因爲對店家來說，小姐的來源並不是件困難的事，在有源源不斷的小姐想進入、願意進入八大，也就形成在管理上不會有過去那種因爲小姐是透過被販賣並且失去自由的情況，所以必須嚴格管控小姐的一舉一動。我猜想，撇除粉粉欠債的原因，一是蘭姐手下的小姐並不多，二來蘭姐手下的人脈網絡並不好，在粉粉上班時間沒有辦法爲她call客人來爲自己旗下的小姐捧場，才會演變成蘭姐想盡辦法、毫不浪費地榨取粉粉身體裡的每一份能量。

還是有不錯的地方

「雖然這裡的客人素質沒有很好，阿北又一直愛摸小姐下面，有時候又不洗手，很麻煩，但可以一對一在包廂裡面自己跟客人談價錢，也可以加Line外約，像我晚上的酒店就不行啊，管滿嚴的。」

「但我也會挑客人啦，要長得比較好看我才會跟他出去，有一些死老人真的很盧洨的，叫他去洗手再摸我就不要，說會破壞氣氛，我就從包包拿酒精棉片幫他擦手啊～哦跟妳說，這裡還有一點我覺得比晚上酒店好，這裡小姐比較不會互相比較跟耍心機，比較會互相教。」

講起這些，粉粉臉上明顯流露出有自信的樣子，不再有小羊般稚拙的表情。在對付盧洨的客人上，我覺得我還是新手，剛開始上班的時候不知道什麼時候可以收小費，也不知道我遇到狀況要問誰，粉粉與其他小姐在休息室分享的經驗眞的讓我學到不少。

「客人就愛做新妹啊，因為比較好騙，不知道哪些可以收錢，很多小姐一開始也不知道摸妹妹可以收錢、S可以收錢，以後妳要強硬一點。」粉粉說。

「真的欸，我有遇過客人跟我說S沒在收錢的，我還想說真的嗎？但也不敢跟他拿，是後來聽妳們說我才知道的，幹現在想起來超不爽。」我在一旁附和。

「摸妳妹妹就可以收小費了啦，不要聽他們亂講，有一次有一個客人做完S才跟我說沒錢，我跟他說我們這裡可以刷卡，他還說沒帶卡，幹你娘騙肖喔！怎麼可能，我就叫他的幹部帶他去外面超商提款，像這種的我都不會做第二次。」

芸芸說道。

芸芸跟粉粉的經驗分享，標示了就算在做肉體勞動，心裡也有一套不能僭越的準則，跟發生後的應變方法，芸芸藉由「強迫提款」來篩掉不好的奧客。大部分小姐對付奧客都有自己的一套技巧性手腕，這是跟客人互動與自我協商後的結果，卻鮮少被當作專業來看。

芸芸是這邊的老鳥了，有時下檯都會在休息室分享一些她遇到獵奇客人的經驗，有時候太光怪陸離，像在翻閱魔幻寫實派的文本，令人不可置信卻又是眞實發生的事。芸芸與粉粉的經驗分享，我有時候感覺有智者的老靈魂在她們體內，讓年輕的她們用自身經驗說出智慧之語，在休息室聽大家閒聊、一起嘴客人是我最快樂的時光。

互利共生？我的經紀人John

轉眼之間，我也在午場酒店也待了至少四、五個月有餘，常常上班遲到的我，每次都是在John狂打電話下被叫醒，有時候我接完John的電話又會睡回去，John又會再打電話過來，我們彼此都習慣在上班前上演這齣電話拔河賽。剛入行時他跟我說這裡是一個「變態的收容所」，「各種形形色色的客人都有」，但這樣子的形容對於一個沒在八大有任何從業經驗的人相當抽象。

在還不敢拒絕客人的時候，被客人一直挖下體挖到發炎，還有胸部被抓到瘀青、明明老二就插入了卻不給錢等等。當時每天都在情緒潰堤，下次上班又要重新適應這種情緒循環，有一次眞的受不了了，在半夜打給John跟他聊天，雖然他也講不出什麼有效的安慰，只是靜靜的聽我哭，反而讓我有一種相依爲命的錯覺。這種情況在八大不算少見，有時候經紀人需要去聆聽小姐的苦惱，或跟小姐保持一定程度的友好關係，這是一種基於工具理性的精算，但長期相處下來，經紀人反而成爲最了解小姐工作風險的夥伴。

John算是一個好相處的人，可能是他的陰柔氣質與午場其他幹部的陽剛氣概格格不入，讓人比較容易放低戒心。因爲同樣都有刺青的關係，這成爲了我們共同話題，有時候我新刺的刺青他馬上就會注意到，當其他幹部再問我「爲什麼要在手上刺些看不懂的圖？」時，John會開玩笑地反駁說：「這是美式刺青，你們這些老芋仔不懂啦！」大家都被他逗樂了。

一個在外型上也稱得上帥氣會穿搭的四十幾歲大叔，平常穿得像時下東區年輕人的樣子。以他這樣的外貌資本應該在美眉之間很吃得開吧？他說以前做男公關的時候就很受歡迎了，知道怎麼樣應付女生，現在換來做經紀也是一樣的道理，都是哄女生。

「那後來怎麼不做了？」我問他。

「景氣不好啊，很多公關店都倒了啊，很多公關後來都轉去做經紀了，妳看我們店裡（午場）現在很多幹部，他們以前都是在沿海自己開茶店，當老闆的，以前生意接不完啊，還請小弟來做，現在都收一收自己做了。」

「我也當經紀六年了，算久了，跟妳講，以前這一行景氣眞的是很好，以前還是小屁孩的時候還在跟前輩打滾，以前跟幹部一起在玩十八骰仔（一種賭博）的時候，都是一千一千丟下去，現在都五百一百啊，眞的差很多，那時候跟他們在玩的時候桌上都鈔票。以前我們店還有員工旅遊勒，去烏來整棟民宿包起來啊，叫小姐來啊又抽K，抽完就直接在廁所做。

K抽完了，李哥就又衝回去拿貨再跑回來，幹你娘以前眞的很爽。」

聽著John誇張的描述以前摸摸茶這行的光景，想像他們暢快酣足的樣子，一個個虛華的無以復加畫面出現在我腦海，難怪他常常感嘆現在只剩下殘山剩水。我沒經歷過一九八〇年後經濟飛升造就一代人的富足、自由市場占據主流言論的年代，但每次上班都聽李哥在靠腰客人很少，我想，這些中老年幹部與經紀人，要舉出二十五萬月薪與三萬月薪的煩惱例子，應該是很有說服力的。

John與他的快樂夥伴

聽做過晚上酒店的朋友講，爲了達成店裡訂下的業績，酒店裡面的幹部、經紀常常會彼此競爭，跟其他一般產業的從業人員相同，會期待自己是組織裡面最有價值的一員，尋求被認可的機會，有時候私下跟小姐抱怨哪個幹部是很稀鬆平常的狀況。通常是較爲年輕的八大幹部會因爲初入行的壓力，或感受到自己的社會地位不高，才會積極的尋求自我實現。但在午場酒店的幹部、經理、經紀人都已經過了年少打拚的時期，在我入行期間倒是沒聽說過有利益相衝突、互看不爽的情形，倒是都偏向合作型的團體關係。

「店裡你跟誰最好啊？」

「豆花吧，豆花跟我最好，李哥跟豆花最好，他人看起來傻傻的，傻得很可愛，下班我跟豆花還有子豪哥有時候會去萬華，他到萬華就想找小姐做，一進去就開始，我都覺得很尷尬，在旁邊唱歌，他們都會叫我點小姐啊！我才不想勒，那年紀都阿姨欸！我還寧願點我們自己店裡的小姐。」

「蛤？可以做自己店裡的小姐？」我心想這話是要框我免費幫他做吧，只見他一臉奸笑，像是剛挖到鑽石一樣。

EP4

當經紀人問我：「今天能去妳家看貓嗎？」

「那你有點過自己的小姐嗎？」我問John。

「沒有啊，李哥不同意，所以我們只能吞口水，像我現在看到妳就很餓，可是也只能吞口水~唉。」John用不誠懇的語氣說道。

我想李哥之所以不允許，是跟性產業的經營結構有關，從John偶爾跟我閒聊公司內部的內容，我慢慢地可以拼湊出摸摸茶產業的版圖，正確來說應該是應該是林森北這一區性產業的經營結構。在午場酒店這層樓外還有樓上的旅館業與按摩店，這棟大樓應該快涵蓋了大部分的八大產業了，我在的午場酒店也只是公司股東之一，用晚場酒店的閒置空間來經營的一個小小茶組。性產業的經營者在他們的事業版圖中並不是單純就只經營性產業，也不會單純就是這家酒店的唯一老闆。

小惠：「是因爲利益相衝嗎？」

John：「也可以這樣說吧，比如說妳今天得罪我了，我就不會給妳客人，那如果說我們可以做的話，那我做妳（指我），那幹部是不是一定要給我免費，不然不用做了，妳懂我意思嗎？怕啦！但我這基本上是不會啦，因爲幹部彼此之間都很熟，不會幹這種事情（收錢），忠哥這邊是規定在自己店裡消費是嚴禁啦，抓到就踢掉了，就算他同意，『上面的』知道也會很不高興。」

表面上「上面的」似乎是不證自明的，但如果細探所謂「上面的」是什麼，其實涵蓋了很多意義。在舞場的職責結構裡面，上面的可能是經理（李哥）或經營者、股東、甚至警界。但從一個最細小的例子來想，給面子這件事也是一個權力流動的表現。John的意思大概是想表達，如果有其他幹部要點他家小姐的檯，他也是會同意的，同樣的如果John想點別人家的小姐，幹部同樣要給面子。畢竟拒絕幹部的話等於讓幹部喪失尊嚴，喪失尊嚴這種事啊，應該等同於被「女性化」一樣嚴重。

在午場不像在晚場一樣，開店就有十幾個經紀與幹部把小姐丟來店裡，也比較沒有哪個經紀人底下妹最多就會最受尊敬，也不太有哪一個幹部最會call客，把客人留得越久就因此趾高氣昂。檯面上讓人看不出太明顯的階層區分，一般酒店有的酬賞員工制度在賺很少的午場也派不上用場，同一個職位需要彼此競爭的意義不大。這裡講究給面子、搏氣魄、拼膽識的文化，在老派的地方用老派的方式維持感情，也可以說是陽剛氣概研究裡面最典型的行爲模式。所以「上面的」意思並非是一個穩固的上對下式職權結構，可能在這樣經紀人與幹部間互給面子的狀況輪流有支配性。本來我對「上面的」這種想像是很僵化的，但想起了以前讀過的一篇文獻在描寫這種含糊的語意分析，有一段的意思大概是這麼說的：那些無法被精確形容的、欠缺了足夠語彙來陳述的事情，意味著這件事的社會意義是多變的、異質的。

這種能容易識別的陽剛氣概對我來說反而輕鬆，不像生活中要面對道貌岸然的渣男攻防還難猜。在日常生活中接受到的性惡意、騷擾與午場客人只有一線之隔。但因爲在午場，對自我角色的認知會隨著場域轉變。你要拿性騷擾、性壓迫，甚至性侵這些性政治用語拿來看待我工作上面會面對的事，那這樣我的應該是裡面最窮的小姐吧。如何在性別所研究生與小姐身分之間做邊界協商？對我來說在裡面工作需要的是暫時的遺忘，忘記各種論述、「自我」或「他者」；「公領域」、「私領域」這些雲端詞彙，抖掉你眞實的情緒感受。讓生活得以繼續的，正是正大光明的遺忘。那一點一滴流逝，內在於每一分每一秒的遺忘。

有趣的是，我承接客人的性慾、愛液、精液，轉換成了一張張藍色的孩子時，心情的疲憊曲線瞬間被拉直，疲憊但雀躍，還帶有一點點安適感。

理想的獵物

John在午場是一個異質的存在，他有陽剛氣概的粗魯無文，也有都會男性的中產陰柔，也許是他的文明氣質有種熟悉感，讓從事八大行業男性的義氣符碼沒那麼張揚，我還在各種詞彙的纖維當中尋找線索，塵埃未定。

John：「小惠，妳今天還好嗎？我今天沒進公司，睡過頭啦。」剛開始John會在我下班之後偶爾打幾通像這樣簡短的電話過來。

「OK啊，你爲什麼睡過頭？」我問。

John：「沒有啦，因爲失眠，還要照顧我媽媽。」幾通電話之後，我知道他有一個失智的母親要照顧，還有與前妻生的兩個小孩。

「你媽媽身體怎樣了？」我問

「就身體不太好啊，有時候尿尿要有人攙扶，唉，就很煩啦~啊妳搬家搬得怎麼樣了？」有時候想多瞭解一下他的家裡狀況，又被John帶到下一個話題，眞的是一個不沾鍋。

去年初我還跟室友們一起住在板橋，在午場工作了一段時間後，覺得應該離工作的地方近一點，以免每天遲到。租了一個行天宮的單人小套房，一個人兩隻貓，很夠了。

「就還在搬啊，慢慢拿一些家具過去，之後會再找搬家公司吧。」我說。

「那搬完我能去參觀嗎？」我可以感覺到電話後的他在偷笑。以前John就在我下班的時候開車送我回板橋，一來我不好意思拒絕，二來我太寂寞了，跟一個帥大叔曖昧好像挺有趣的，但與伴隨這個念頭而生的是：我在工作上需要有保護傘。

有一次他來板橋，用想看貓的理由堅持要上來我家，車停在紅線也不管了。「看貓」這個意思我懂，交友軟體上委婉的性邀約。我偶爾也會三更半夜去別人家看幾次貓、或邀請別人來我家看貓，儘管當時我家可能沒有養貓。進到客廳後，他一屁股坐上沙發，點起菸，問道：「貓呢？怎麼沒看到貓？」我心想，你最好是要來看貓。「貓怕陌生人啦，現在應該是躲起來了。」我說。

John：「躲去哪了？妳要不要去把牠抱出來呀？」

我很少需要跟來看貓的人解釋貓跑去哪了，他真的想要跟貓玩的請求，竟然像一種冒犯。我去房間把比較親人的橘貓抱出來，放在他腿上。

John：「欸牠好乖喔，很親人餒！我以前台東老家養一群土狗，我們家鄉嚇人啊，有種田，我爸養來顧田的……」我對他老家的土狗怎樣沒有絲毫興趣，腦袋飄過之前上班時看到他短褲下露出一截刺青的記憶，是「開心的草本葉子」。我隨即打斷他的土狗話題，問道：「欸對了，你也有在抽喔？」

John：「有啊，我一看妳的刺青就覺得妳有，來妳家的時候也聞到一個味道，我就覺得是那個。」

小惠：「這什麼刻板印象啦，我沒到很常抽啦，偶爾而已，你現在有帶喔？」

John：「怎麼可能帶出來！我等下開車被POPO臨檢。」他邊講邊笑，我聽他講各種獵奇的飛行經驗，怎麼樣「玩」、怎麼樣「搞氣氛」。

John說午場也有幹部與客人在用其他的東西「像花生啊他都用咖啡，在這之前也不知道他用什麼，牙齒現在爛爛的，人看起來也『空空』，子侯也有啊！記得好像用安吧……眞的人老記性不好了，以前他們玩很瘋的，但現在身體都很差了啦。」

跟John是因為快樂的草本葉子而有共同話題，並沒有很意外。在前幾通電話聊天中就能感覺得到他急欲變成一個標準的城市人。摸摸茶的老幹部、老客人、老舊情懷，那前現代跟他氣質太不相符，被現代化馴服的嫻熟狡猾比較適合他。在意用bong抽還是霧化器、在意「飛行」的時候聽什麼歌看什麼片，偶爾也享受一點華而不實的東西，在摸摸茶裡面的確是一個很文明的存在，未被標示問題化的文明。「咖啡啊、吸膠眞的把自己搞很醜欸，這樣最好會有女生喜歡，我自己看了也不喜歡。」John的說法，好像在說一個前現代社會。

在任何有人的地方，都有默認的規則，遵守一些默認的規則，並不是沒有骨氣，只是爲了能更圓融地達到目的，我對John的互動不外也是。上班的時候會去幹部休息室找他閒聊，或者有時候下班陪他去吃晚餐，他開車時故意坐得很近，讓我身體不經意地碰到他的手臂。有時候故意在他面前腰桿微彎，讓他可以瞄到「A寶小惠」的乳房，我歡迎他的凝視。這些細微的舉動，撩動了John的情慾，他開始更積極製造兩人單獨的時光。

John：「小惠啊，下班有沒有空？我帶妳去泡溫泉啊！」

小惠：「那麼晚哪裡有溫泉？」

John：「土城有一個地方有啦，男女混湯，我上次把草帶進去，邊泡邊抽，超爽的！」

「下次啦，我今天太累了。」不知道這是我第幾次拒絕，每次拒絕心裡就多一分壓力，他會不會生氣？會不會不甩我了？下次他再找我出去我要用什麼理由？

John：「沒關係，妳今天好好休息，先這樣。」他的脾氣眞的很好，如果今天我不是在午場工作，我早就跟他上床了。

我給John一個情慾迷宮，卻不告訴他這迷宮其實沒有出口，我只要負責把他帶進迷宮內困住就行了，我滋養了一個完美的獵物呢。他不知道被我拒絕了幾次，依舊不死心，反過來想在上班時討好我。John開始會幫我擋下一些討厭的客人，在幹部把奧客硬塞給我前，偶爾他會直接去跟客人騙說小惠今天沒上班。有時候我想提早下班，他會幫我編一個理由跟李哥請假：「小惠突然紅字來了」、「小惠說她今天身體不舒服」。John確實幫我在摸摸茶裡撐了一個小小防護罩，但在防護罩裡的人，既不能隨意踏出，也不知道這個防護罩什麼時候會消失，老鼠會不會有一天直接挖一個地洞，自解謎局。

時間久了，John越是不滿足於這樣的拴束，越是明目張膽的對我跟其他小姐有差別待遇，而我覺得自己像似在別人家作客，遂有種寄人籬下的感受。

拜託貓咪

兩三個月過去了，跟John「不成關係的關係」這個狀態感到疲倦，我對小姐與經紀人之間平衡的藝術漸漸沒有把握，也怕自己到最後會玩火自焚，被他在午場「弄」，卻苦於找不到適合的時機退場。

在一個沒上班的下午，John傳訊息來。

「新家都用好了嗎？」

「弄好囉。」

「我可以過去參觀嗎？」跟我想的一樣，他果然又想用參觀名義來找我，這次我要用什麼理由推辭。

「哈哈哈我還沒整理好家裡，之後再說吧。」

「好喔，還有一件事想問妳……」

「怎麼了？」我問。

「哥好久沒做了！想問妳可以幫忙嗎？」接著他傳上了一張貓咪擺出拜託姿勢的迷因圖，我簡直不敢置信。

當你在看鬼片的時候，你知道鬼終究會出現，但你不知道他會以什麼樣的方式出現。這隻鬼的出現只爲了回應一句電影台詞：「驚不驚喜，意不意外，開不開心？」這樣瘸腳的約炮邀約還眞的從來沒遇過，足以讓我老年時講給子孫聽的故事。以前覺得John有時候講話很浮氣，半眞半假，這時候我相信他是眞的很久沒有性生活，不然我想不出來約炮時用「拜託貓咪圖」更不合時宜的使用方式了。

皺完眉頭，我意識如果再不跟他疏遠就來不及了：「我現在月經來哈哈哈～」訊息送出後，我好幾天沒去點開John的回覆，好幾天不碰手機。「眞的好累喔……」邊這樣想邊把身體弓成G字型，一路睡到隔天傍晚。

過了一個禮拜，我又回去摸摸茶上班，在走去控檯室的路上，我看到他朝我走來。「好久沒看到妳了欸，下禮拜要報幾天班？」他笑問，好像什麼都沒發生過一樣。John的sexuality本就與我無關，對我來說是在特定的時空條件底下衍異而生的關係，有意思的是，John比起「外面」許多道貌岸然的男性都還懂得尊重身體界線，他沒有任何一次在未經我同意下觸碰我，在這點上，John誠實無欺。

EP5

我是女友，還是免費的性伴侶？

鬼之棲家

法國理論家巴舍拉曾爲「家」賦予一個很詩意的觀點：一切眞正爲人棲居的地方，都有家這個觀念的本質。記憶和想像彼此相關，相互深化。被「收容」的不僅是我們的記憶，還有我們遺忘的事物。我們的靈魂是個居所。只要記得「房屋」和「房間」，我們就學會了居住在自己裡面。

爲了離上班的地方近一點，我從板橋搬到了行天宮站。這是一棟位於街角的三層樓建築，就算是白天也不是很熱鬧的街道。房間加上廁所可能連一坪都不到，從我的房間窗戶看出去，對面是市立養老院。每天凌晨四五點左右就能聞到養老院的中央廚房在準備早餐，淡淡的麻油雞香飄進我間，有時候聞得出來早餐是油飯，對於沒在講究飲食的我，是一種嗅覺騷擾。

「我覺得這裡還不錯啊，妳從家裡這一條走出去就有吃的，有全家，再出去一點還有7–11。」阿昆邊滑著google map邊用手指比劃著，好像是他要住在這裡似的，表情比我還興奮。「可是房間好小……你眞的覺得可以擺下我的書櫃嗎？還有我衣服好多，感覺大衣塞不下那個衣櫃。」說完我抬頭看著他，「可以啦，我回去量一下，一定夠放，反正也是我來擺嘛。」他的表情看上去非常確信。伴著閒散的談話，我們邊牽手散步著去勝利百貨買一些日常用品。

阿昆果真說到做到，用不到一天的時間將我從板橋打包來的笨重箱子裡的東西一樣一樣拿出來，重新歸位。三個書櫃、一個貓砂盆、兩隻貓，都在阿昆有條不紊的整理節奏內被細心的組織過。

「妳的衣服我幫妳放在這喔～」阿昆指著衣櫃下的一個角落。「什麼東西？」我伸手進去他指的地方，撈出了一袋我的酒店衣服。「好喔。」我沒有多說什麼，又把那袋洋裝放回去，以收納的角度來說是很充分的利用空間。但那是我的職業需要穿的洋裝，怎麼搞得要藏著掖著呢？上班族可以把明天上班要穿的襯衫整齊摺好放在明顯的地方，以便隔日上班省得找時間翻找、整燙。而我呢，隔天上班前兩個小時，要從衣櫃的角落拖出那一袋洋裝，那裡面的洋裝都像酸菜一樣縐巴巴的，我必須花半小時至四十分鐘的時間在把洋裝弄得平整。雖然午場不算消費高的地方，對服裝也沒嚴苛的規定，但小姐用衣著心機來吸引客人這是一定的。「不用買太貴，有變化就好。」某個小姐曾經這樣跟我說過。所以小姐的洋裝普遍都不是太好的材質，容易縐、起毛球是一定的，照理說應該要好好的掛起來，正大光明的掛在衣櫃裡，跟一般上班族的日常一樣。

我好奇是不是每個小姐都有一個「隱藏的衣櫃」來放她們上班的衣服，去過幾個小姐家坐坐，還沒見過有人把酒店洋裝掛在明亮之處，陽光薄而輕柔地照在洋裝上，彷彿若有光，一切都能合理了。

但原來，要有光是這麼奢侈的一個願望，行天宮站的家照不到光，陽光沒辦法直射到我房間，就算是正午，還是會覺得房間陰冷。在夏天，房間有難以忍受的溼氣，也有令人苦惱，迅速蔓延的黴菌。

自從我搬進來後，跟阿昆吵架的次數就更多了，有一次，我家的兩隻貓因為空間太小，在打鬧的時候有一隻不慎摔傷了前腳，我緊張極了，傳訊息給阿昆要他過來陪我帶貓去醫院。我很清楚記得那天是禮拜六，對常加班的阿昆來說，週末是他把待辦事項一一清除的時候，那天他安排去剪頭髮，收到訊息後他趕來我這。眼看快到他預約的時間了，我語帶生氣的問他：「你今天不能先取消陪我去嗎？yoshi好像有點嚴重欸。」他的視線落在手機上顯示的時間，皺著眉說：「可是這個設計師很難約，而且我上禮拜就說今天要去剪頭髮了。」接著說：「妳先帶牠去看啊，而且我看好像沒妳說的那麼嚴重，不然下禮拜再去呀！」我感覺到他語氣中的不耐，我急著說：「所以你剪頭髮比貓重要？你怎麼能說出這種話！」當下也知道自己在情緒勒索，或許是對阿昆日復一日，夜復一夜，等待著他下班偶而能夠來陪陪我的焦慮感爆發，我把悲傷全部嚎叫出來：「你現在就給我取消！打電話去取消！你太糟糕了！」我擋住門口，阻止他出去，因為吵架的時候阿昆總是扭頭就走。「我不要！我已經安排好了！」他試圖推開我。這個舉動讓瞬間我什麼都顧不得了，當下只有一個強烈的念頭：「不准離我而去。」我衝向書桌，拿起修眉刀抵在左手腕上：「你敢走我就割了！」可能我太常拿自殘威脅他了，這種勒索對阿昆已經有了抗藥性，他逕直的推開門，說：「我現在沒時間搞這個，我要走了。」「唰唰」修眉刀快速劃破我細瘦的手腕，慢慢滲出血珠，滴落在地上。後來我記得不太清楚，所有事都發生得太倉促，只記得阿昆還是走了，我們可能有在走廊上拉扯，因為回神過來，我蹲在走廊的樓梯上用紙巾擦拭滴在樓梯上乾涸的血。

隔天上班的時候，John用抽菸的名義，把我叫到一個包廂裡，我也知道他要講什麼，我兩腿併攏，深呼吸，準備接受他的拷問。

「又來了啊，這次是怎樣？跟男友吵架喔？」我覺得一陣難堪，點點頭，當作是回答。

「下次這樣可以先跟我講啦，就先不用來上班，啊妳手有擦藥嗎？」John視線盯在我左手腕上。

「有稍微擦個藥啦。」我說。

「下次手稍微包一下啦，不然會嚇到客人，不然就穿個小外套，之前還有客人看到妳手上這樣，問我妳是不是有憂鬱症，我都不知道怎麼跟他講。」John說。

聽到這裡，我覺得心裡有什麼東西碎掉了，忍住不對John發火，「等下我去找件外套來穿啦～」一如往常打哈哈的方式帶過，我只想趕快找機會結束這個話題。

「那妳今天這樣還要上班？我幫妳跟李哥說就能回家了啦。」John不死心的繼續講。

「能賺一天是一天啊，不然我現在回去也不知道要幹嘛。」說完，我聽到外面李哥在叫小姐們看台了，我起身走出包廂，不想回頭看見John的表情，我猜那個表情一定是憐憫。

就算跛腳還是能走路，一拐一拐的還是能走路，我只是跛腳，不是洪水猛獸。

浮木

經過走廊的途中，幹部對我說：「客人已經在裡面等了～啊這次也照舊喔。」點我檯的是位老客人了，他的職業是建商，幹部們都叫他張先生，給錢很阿莎力，目的也很明確，來就是要做S，而且從來不殺價。進入包廂，看到他一如往常嘴角叼著燃燒的香菸，雲斯頓的煙瀰漫了他的臉，我坐到他身旁，從他的菸盒抽出一根菸，點燃後手指夾著菸在桌上無意識的輕輕敲打。

「今天心情不好喔？」他蹺著腳問我。

「也沒有啦，就有點不舒服……啊你今天還是一樣嗎？」

他瞇起眼睛看著我的手腕：「啊妳手這樣我也不好做什麼啦，跟男友吵架喔？

手幹嘛用成這樣啊。」

「就吵架……心情不好……就這樣了啊……」我尷尬的低下頭，看著手上狼狽的痕跡。

張先生把手搭上我的肩，沒有不安分的動作，只是輕輕摟著我：「妳還年輕啦，那男生對妳不好就換下一個啊，外面帥的男生那麼多。妳現在來這邊就專心賺錢，錢賺夠了就走了，要把賺的錢存起來，等妳之後念完書，想要幹嘛就幹嘛。」

這是第一次張先生認真的跟我講話，如果只是一如既往虛情假意的陪笑，銀貨兩訖，我反而能自然迅速的轉換面貌進入狀況，但突如其來的關心反而讓我不知所措。

雖然張先生講的都是老生常談了，但他輕輕的摟著我的肩、輕拍我，這樣的肢體接觸讓我感覺到安心，我靠在他身上無聲地流淚，在上班需要假裝的情緒化表演，在這一刻得到一絲絲鬆懈，隨即又要擦乾眼淚，整頓好情緒，接待下一位客人。

行天宮的家真的讓我病得更重了，這裡嚴格來說不算一個家，打開門就是一張雙人床，房間小得讓我的任何活動都被迫都只能在那張床上進行，在酒店還好多了，小姐休息室至少空間夠大，能讓我有足夠的空間吃飯、看書、跟小姐聊天，而且冬天還有暖氣呢。有時候我會覺得回到行天宮也沒有下班的感覺；上班也是躺著給人家幹，下班後見到阿昆大部分時間也是在被幹，爲什麼我用「被幹」這個字眼來形容呢？有很多社會學者指出性工作者會用角色距離技巧來區分工作時的自我與私領域的自我，運用這樣的方式可以讓自己區辨性工作與性生活，有的小姐會用「男友敘事」。但與阿昆在一起的時候我還是如上班一樣疲累，一樣要表演情緒勞動，一樣覺得沒有被理解，找不到前後台的差異。我希望我們之間存在著愛情，可是我太清楚阿昆了，對他來說交往的目的只是爲了有一個免費的性伴侶。但存在於我們之間的只有無止盡的性愛，做完他就喝著冰鎮啤酒一邊看日劇，多數時候陪他看劇時我總呆呆的盯著螢幕，但又不能完全放空，要對他看得無聊日劇表現得有興趣，說到底都是急著跟人產生聯繫。

這種相處到底算什麼呢？我也不知道，我只是害怕每天下班自己一個人回到房間裡面。夜幕降臨的時候，房間寂靜到令人驚懾，那不是寒冷而生的寂靜，也不是光禿無遮的寂靜，是一種感覺正在緩慢的被稀釋淡化，沉浸到完全靜謐的黑暗中。我眞的病得很重，對那時的我來說，性工作的確留下嚴重的傷害；有時候甚至會想到我父親，六十幾歲的父親正是我客人的平均年紀。阿昆不在的時候我會帶不同的男生回來，清一色都是年紀跟我相仿或是比我小的，中年人會讓我有PTSD，我用年紀來區分工作上的性與私人的性。

每天中午起床，餵貓、化妝、挑衣服、在麥當勞買午餐，上班，冬天時寒風灌入口鼻，會在酒店對面的超商買杯熱奶茶帶進去店裡，順便買酒精棉片跟抗菌紙巾，用來清潔下體。快到下班時間，如果沒客人的話就滑手機開交友軟體，希望誰來陪我度過難熬的夜晚，我的身體可以隨時盛開，不會有任何障礙。有些男人不一定會過夜，我深知這些人只是暫時的情緒移轉，像是煙火從天空爆開時的火樹銀花；依照過去經驗，美好的事物背後總包含著危險訊息：短暫、脆弱、不堅固。當這些男人要離去時，我都故作鎮定，面無表情地說再見，其實之後在房間內大哭，哭到像是頭腦當機後就開始抽草，眼睛木然地盯著扭曲的天花板，身心已然分離，在心裡詛咒自己當場暴斃，不需要病因。

身心分離的祕密

有一次又跟阿昆大吵，他一連好幾天電話不接、訊息也不回，我擔心自己是不是要被拋下了，一早就叫車從行天宮坐往他深坑的老家。到了他家門口，來應門的是他父親：「請問妳找哪位？」「呃……我要找阿昆……我是他女友……」眼見他父親眉頭緊鎖，接著露出恍然大悟的神情：「好吧……他在睡覺，那妳先進來。」打開阿昆的房門，他正睡得香甜，這幾天的腦子裡面瘋狂的妄想、失眠，都在打開門看到酣睡的神情時轉為憤怒。「你居然在睡覺，我以為你死了！你給我起來！」「妳幹嘛來？妳有跟我爸說妳是誰？」阿昆勃然大怒，「我說我是你女友啊，你家人根本不知道你交女友吧！」我已經氣到全身顫抖，提高音量繼續說：「還是你根本不想讓你家人知道你女友做酒店的？」「對啊。」阿昆想都沒想就這樣回答，彷彿一切皆理所當然，將近一年的認識期間他巧妙的避開我想認識他的朋友與家人的相關話題，我一直不解他為什麼一直保持著微妙的距離，這疑惑在今天獲得解答，性工作者這職業讓我成為無法端上檯面的女人，雖然我不曾以我的職業為恥過。

後來我們這段關係還是毀了（幸好毀了），我沒有辦法在心裡繼續虐待自己。初識阿昆的時候就知道他有一個 Twitter 帳號專門放他的炮友與歷任女友的性愛影像，而我也在裡面，裡面各個女生有不一樣的 hashtag：黑肉、健身教練、小隻馬……等等，各種對女性物化的字眼。下面網友的回覆更是噁心：「這女的好像被幹得很爽」、「好好喔，羨慕」、「奶子好晃」、

「推主真性福」諸如此類不堪入目的用語。在跟他相識的這一年來，我感覺到與自己身分斷裂，好好相處的時候，阿昆是一個細心活潑的人，朋友眼中的開心果；另一方面我也知道他未經這些女生同意就把性愛影像PO上網，多數女生甚至不知道在性愛過程中他有錄影。有時候嘗試說服自己，人都有「兩面性」，阿昆的另一面只是比較低劣而已，懦弱的我不想面對自己是知情的幫兇。我問自己：怎麼能知曉這些事又同時想抓住這個人不放呢？寂寞到瘋魔至此，確實難堪。我也跟我保持距離，就像從身體分裂迸出另外一個人，那個人全然不知情，只是拼命跳著求愛舞的女子；另外一個人，她在制高點上不斷的譴責我：「妳是數位性別暴力的共犯，枉費妳讀的所有書。」我跟這樣的人交往，我能自稱為受害者嗎？我怎麼能跟其他阿昆拍攝的女生有共同體的幻覺？多數時間我的精神負荷超載，對於這些性愛影像被散播的女生我抬不起頭來面對，一想到這種事情的新聞標題成為一組修辭，重申、簡化、煽動，內心湧現滿滿的無力感。遏止任何形式的傷害，就是停止跟他再有往來，誰知道命運愛開玩笑，我發現自己懷孕了。

我真的是請了一個鬼來打造我的房間呢，請鬼拿藥單大概就是這樣的感覺吧，我想。

EP6

雙子殺手

事情是這樣的，半夜我叫了附近知名的牛雜湯來喝，天氣冷喝熱湯再合適不過，喝了幾口後覺得今天的牛肉味道很腥，於是我放下湯匙，起身走動。在房間走個兩三步後，突然有反胃感，直衝到馬桶前乾嘔，「不會那麼衰小吧？」冰冰買了驗孕棒給我，幾分鐘後浮出淡淡的兩條線，「欸，兩條線耶，明天晚上陪我去看婦產科，可以嗎？」轉頭問同爲午場的同事冰冰，「沒問題，明天一起去。」接著我再嘗了一口牛雜湯，眞的不行，整碗倒掉。

小時候聽媽媽說不要站在微波爐前面，微波爐的輻射會導致不孕，於是有一陣子我沒事就會站在微波爐前，祈禱自己是個不孕症體質，永遠跟懷孕絕緣，但我還是懷孕了，可見這只是訛傳。

那有生育的計畫嗎

也沒問我要不要，他們就來了。爬過門，變成影像，要我觀看。

「來，妳看這邊，有兩個黑點，這就是胎兒喔，妳有兩個點，所以是雙胞胎。現在妳應該有常想吐吧？我開一些止吐藥給妳，有需要的時候再吃。」

醫生用原子筆指著超音波的畫面，一邊用儀器在我肚皮上滑動，肚皮上的凝膠好冰涼。

「看這個大小，差不多三個月，妳看連腳趾都能看到了。」醫生講完，轉過頭看半躺在內診台上的我，期待我給出什麼回應。

各種思緒穿梭，不是因爲胎兒，是因爲醫生有所求的表情，這時候我應該給什麼樣的情感應對，回應他時我語氣應該是漠然的？喜悅的？抿住了嘴，先是心裡想一想，唉算了，頷首微笑回以醫生。

「那有生育的計畫嗎？」

「目前沒有。」我有點坐立難安，因爲醫生檢查後，後面的胎兒超音波影像繼續開著。越想忍住不看，就越想看，像是身體某處在癢，越不讓抓，那癢便像是爬滿全身。超音波影像彷彿在間接敲打著一種道德責任，如果對於想終止懷孕的女性而言，這樣算不算是一種越界？此時我的「不想看」奠基在反向的「理所當然」給我的不舒服感。理所當然的超音波檢測，理所當然看到胎兒的樣態、五官、動作，大幅增加「它是個小生命」的感受。那種暗默的，關於懷孕的位階排序：生下來／負責／好母親；墮胎／不負責／壞女性，想一想就令人悚然。研究生都有研究生禮貌運動了，眞希望產檢有一個禮儀守則。

「那妳月分比較大了，這個要做手術喔，那待會護理師會跟妳說明手術流程，還有約時間。」

出了診間，我跟著護理師來到一個更小的房間，裡面只有一張辦公桌跟兩張木椅，白得讓人恍惚的日光燈。如果我決定要生下來，是不是就不用進到這裡了？我會被帶去大廳的圓桌，跟護理師詳盡的聊生育計畫，善意的被念叨產婦該注意的飲食與進補，約好下一次產檢的時間。腦中想完了這一大圈，不適感增加，那不是我的嚮往之地。

護理師拿出手術同意書，用筆圈起幾個要簽名的地方，手術安排在兩個禮拜後的晚上。

「這樣手術加麻醉的費用是兩萬，要先付款喔，手術前這段時間盡量不要熬夜……」

「兩萬！爲什麼那麼貴？」我打斷護理師。

「因爲你的是雙胞胎……這也是因爲一次兩個手術會比較複雜，所以比較貴，還是……妳需要一點時間想一想？」

什麼！這種事情刻不容緩，想到產檢每次都要照超音波，我的整個神經都備戰了起來，且我也沒有經濟能力養小孩，趕快付錢手術才是負責任。不知哪裡來的生出一股壯然，Google map找到最近的提款機，領錢。在知道自己懷孕前，已經把酒店的排班減少，一個禮拜四天減爲一個禮拜最多兩天，其餘的時間大都花在看病上，黴菌、皰疹、尿道炎樣樣都來。就像大學分組作業的雷包同學，每次都要幫他擦屁股。林森北的小姐應該都知道長春路上有名的婦產科，有名是因爲要自費，一次看診下來兩三千跑不掉，但用的藥強烈有效，有時打個針可以隔天就照常去上班。可以說是小姐們的御醫。

這時存款也僅剩兩萬吧，眞是人無遠慮必有近憂，上班時不好好存一筆錢來未雨綢繆，緊急用錢時才火燒屁股。想到手術後，有一段時間不能工作，僅剩的兩萬我還需要咬緊牙關拿來當生活費阿。去提款的路上，我停在半路，決定傳訊息給廷，這是我做小姐以來第一次正式開口跟別人求助。以前總覺得借錢是人際關係裡不可碰觸到的紅線，因爲害怕承諾沒有完成，虧欠對方，因此必須盡力還債。如果只是貨幣的債倒也還好，這個界線容易釐清，更讓我害怕的是社會關係的債。父母的養育之恩、朋友的情義相挺、陌生人的無私幫助、紅白包的有來有往、感情的虧欠……等等，種種道德感的召喚。

訊息的內容現在想一想好唐突，可是認識我的人應該不會感到意外：「我懷孕你會贊助我終止妊娠嗎？」送出後，看見訊息顯示已讀，當時也沒有抱甚麼期望，只是病急亂投醫，大不了那些生活費就豁出去了，術後遇到什麼再來想。

過沒多久收到廷的回覆：「可以呀！多大了？我還沒仔細研究，但尊重你的決定，如果太貴就分期吧！」沒有道德譴責，沒有強加任何個人意志在我身上。通了電話，廷先是安慰我的情緒，沒多說什麼，問了帳戶就匯了手術費給我。受人幫助這個感覺很奇妙，就像進入一個全然陌生的領域，浸潤在一竅不通的語言中，然後得到一個意料之外的回饋。廷只是一個認識半年多的網友，那時候稱不上是知心密友，怎麼能夠信任我呢？信任充滿了風險，需要經過很多自利的考量。

該怎麼說呢，人際關係的莫可明知，可能緣分使然吧，因爲當下我也不太明瞭，無法解釋的事情推給緣分，總能平添幾分神聖感。廷的幫忙爲我當時的生活撐開了一些喘息的餘裕，人生落鏈的時候，偶然還能看見一朵希望如花。

那時李安的《雙子殺手》剛上映，跟朋友們常自嘲自己是雙子殺手，還爲此創造一個手勢，跟朋友拍照的時候一起比出這個手勢，變成密友之間熟稔的語言。我喜歡以幽默態度笑看生活中的挫敗，幽默有一種一針戳進人生事故的精髓，了然於心的輕盈敘述，不會讓人望之生冷。還有朋友勸我說要去廟裡祭祀嬰靈，不然會被嬰靈纏身，當時只覺得無稽，一向對求神問卜之事不是很在意，只覺得是一種自我療癒的方法。直到後來廷在傳了一則很長的訊息，旨在他梳理自己願意幫助我的前後脈絡，看完後我才覺得冥冥之中有宇宙的神祕調度在指引。

廷說到他一年半前的一個夢境，在夢裡面他走出醫院，左右手各抱了一名嬰兒，接著有人跑過來告訴他這缸米是他的。夢醒後，廷搞不懂夢中的訊息想表達什麼，把夢裡的片段化成關鍵字「聯合醫院、兩名嬰兒、一缸米」。後來廷在網路上認識我，互相交換一些訊息之後，我覺得他應該是個值得信任的人，便邀請他來我家坐坐。

廷看著我家窗戶的客廳正說了句：「妳這客廳看得到急診入口耶。」

「喔，對啊。」我說。

住在板橋一陣子了，我也未曾注意到這點，當時也不太明白他的意思，以爲是風水學上有所冒犯，但也沒放在心上。過不久後廷就收到我懷孕的訊息。

廷說有個夜裡他又再次夢見一年半前的那個夢，凌晨四點醒來，他才恍然大悟，一切或許不是巧合。後來廷去龍山寺求籤，問了神明關於雙胞胎的事，好幾次都拿到笑筊，心裡不斷嘀咕：「這筊是不是有瑕疵？」訊息看到這裡，我笑了，一個性格理性寫程式的人居然被擲筊難倒，還懷疑它是不是出了毛病，如果我在現場，一定大力調侃他。

廷轉念一想，將雙胞胎的問題換成：「關於廷與朋友的姻緣是好是壞可否抽？」就這樣，連續擲了三次聖筊，他抽到了上上籤：「天開地闢結良緣，日吉時良萬事全，若得此籤非小可，人行中正帝王宣。」得到神明如此篤定的答案，這時他才決定要幫忙我。看完了廷的故事，故事裡面偷渡著友達以上的情感，這才是艱難之處，他要的如果不是友誼，那是感情嗎？我謹能夠提供友誼的撐持，這樣對他而言足夠嗎？手術時日將近，我只能先停止感受，不再想其他。

看完故事，我稱讚他寫的好生動，揶揄他是被寫程式耽誤的作家。

「可能是吧。」廷說。

手術的前幾天，我把握時間回午場多賺點錢，聽有兩個小孩的芸芸說，人工流產跟生產一樣，結束後都要好好坐月子，千萬不能馬虎，至少休息一個月以上，否則身體會不復以往。

最先發現我懷孕的是芸芸。那天只有我、芸芸跟幾個剛來的小姐在休息室，其他小姐都被叫去看台。我一如往常吃著麥當勞軟掉的薯條，吃沒幾口便感到噁心，用力乾嘔。休息室裡面的小姐都看向我，一邊拍著自己胸口，另外一隻手比著ＯＫ的手勢，其他小姐見我比出沒事的手勢，繼續低頭滑手機。

芸芸坐到我旁邊來，小聲的問：「妳是不是有了？」

「妳怎麼知道？」

「很明顯啊，看妳吐那麼用力，是客人的嗎？」芸芸繼續問

「男友的……吧。」

「那妳要生嗎？」

「要拿掉，下禮拜要做手術了。」

「蛤……是喔。」她想說點什麼，欲言又止

我連忙補上「沒事啦！」希望她不要那麼緊張。

芸芸給我看她手機裡兩個小孩子的照片，高中時生的，他當時的男友也變成了現在的丈夫，現在兩個小孩都上小學了。下班她會趕著去學校接小孩，再接著去另一個酒店上班。我覺得她眞的很可愛，在一個要流產的人面前秀出自己小孩的照片，眞的很不搭調，又突然覺得心頭暖暖的。平時我們沒太多交集，因爲懷孕乾嘔，她主動靠近打開話匣子。眞荒謬，謬在看似兩人在平行時空的兩端這一瞬的交會。

全身麻醉真的滿爽的

很快的來到手術當日，整日空腹下來，一直在跟朋友抱怨餓癢難耐。友人說我平日裡對食物幾近性冷感，懷孕的時候竟然像一頭母牛，看到什麼東西只有一句評論：「看起來好像很好吃。」

阿昆陪我去婦產科，下班後他急忙趕來板橋，看起來很疲倦。從兩個禮拜前我被檢查出懷孕後，他就一直在道歉，「沒事啦。」我說

事實上，我迫不及待想卸貨，卸掉交往以來的貌合神離、親吻時的心不在焉，將原本對「我們」的所有想像與憧憬全部卸掉，不對的感情無益於身體健康。

護理師帶我來到二樓的手術室，一樣是在八爪椅的手術檯，只是這次手腳都被綁起來。

我本來心情還算平靜，直到護理師在給我打完麻醉後的幾句閒聊觸怒了我。

「妳眞的要拿掉喔？現在很多人要生雙胞胎都生不出來欸！」

我心想是在跟我開什麼玩笑嗎，都這時候了還要被情勒，有什麼狀況比你再流產前一刻聽到旁觀者的眞心話還糟糕。我在愕異幾秒鐘之後，便因麻醉藥發作昏了過去，連回嘴的機

會都沒有。

張開眼，身體感好像只過了五分鐘，我看著醫生問：

「手術要開始了嗎？」

「已經結束了喔，等麻醉退了一點後妳就可以下來了。」

「眞假？我感覺只有過一下下，所以過了多久了？」

「兩個多小時。」

我看向左邊的時鐘，剛進來手術室時指針還停留在七點，醒來後指針已經爲移到九的位置，整個手術過程，我只記得昏厥前護理師的那句話。不禁想，我來到這裡的重點，是爲了聽護理師的聽護理師的那句廢話嗎？

十幾分鐘後，在醫生與阿昆的攙扶中，我從手術檯下來，身體好像沒有那麼輕盈過，麻醉藥尙未完全退去前，整個身體都軟綿綿的。全身麻醉眞的是一種很奇妙的經驗，在瞬間失去知覺，醒來時感覺彷彿就只是閉上眼又睜開一般。它不像睡眠，睡眠會讓人有時間感，但麻醉沒有，那就像失去知覺的那段時間完全不存在，你直接跳過，就像，時間被偷走了。

回到家後，冰冰問我感覺怎樣。

「還滿好的欸，我是說，麻醉的部分，眞的滿爽的。」到家時已經十點多，打開外送平台，叫了宵夜。再次喝下牛雜湯，這次能把整碗都喝完了，沒有一點反胃與不適。

不久後我跟阿昆提分手，在經歷過好幾次跟他關係的重重跌跤後，這次是眞的要分開了，這應該也算是某種修成正果吧？負負得正。

不想生小孩的人應該值得一次鼓勵，他們對自己誠實，誠實地對自己沒有把握的狀況做了決定，生與滅都値得掌聲。「眞實地掌握自己的命運」，這便是一種實在的幸福。

我裸體站在鏡子前看著平坦的肚子，對著鏡子裡的我微笑，我的身體好美。

EP7

人生第一次被切歌

唱歌夥伴

沒想到我人生第一次被切歌居然是在酒店。轉頭看那位切我歌的人客，他眼神不願與我對上，我想他是心生恐懼，眼睛死盯著手機。我忍住想叫他去吃自己排泄物的衝動，坐到那位客人旁邊，端起桌上的茶遞給他，順勢把沙發上的遙控器偷拿過來我這邊。我咯咯地笑問：「是因爲唱的不好聽喔？」「不是啊，我聽不懂妳在唱什麼，什麼迪迪弄……你們年輕人的歌我不是很懂啦。」本來就是要你不懂啊，不然我怎麼偷時間！現在才過了十幾分鐘而已，可惡這個客人好難搞。不知道是何時開始有自己偷時間的方式，有時候會跑去廁所佯裝要大號，但那偷的時間根本不算什麼，ＩＧ看幾個人的限動就差不多了。後來漸漸發現用唱歌偷時間是一個很方便的做法，這都要感謝一個愛唱羅百吉歌的客人。

他是我們店裡的黑名單，也是店裡的常客，只要我有班的時候一定會看到他，每次手上一定都拿著冰霸杯，會在走廊抽氣味難聞的電子菸，黝黑的臉上布滿許多坑洞跟皺紋，髮質異常鬈曲，視覺年紀在六十幾歲上下吧。最令人不敢恭維的是他的穿著，廉價盜版球衣配上黑色西裝褲，荒謬的是居然把球衣紮進去褲子裡，腳上穿著藍白拖，瘋魔般的搭配讓人胃裡糾結。不只是小姐會偷嘲笑他，連幹部與經紀人都瞧不起他。他自稱是從事自由業，但據John透露，他對店裡的熟人都說自己靠女人養的，自己成天遊手好閒。「我幹拎娘機掰，他長這樣也有人包養，那我長這樣怎麼還在這裡？」John只要講到這個客人都一定要揶揄一把。「但他不是每天來嗎？這樣怎麼是黑名單？」我以爲只要常常光顧的客人一定都會被店家奉爲財神爺。「是常來啊，但他有時候坐整天也不點小姐，還會偷製冰機的冰塊，有時候在小包廂跟我還有其他幹部在玩十八骰仔，輸了也不付錢，還會跟我們一起叫外送，也不付錢，有夠沒水準。」店裡有各式各樣摳門的客人，大部分只敢在小姐身上揩油，但這位客人眞是百年難得一見的奇才，從踏進店裡開始什麼都計算好了。只要付入場費就可以在這裡從中午待到晚上，中午搭順風車跟幹部一起叫午餐，偶爾偷店裡的冰塊、水果，或不知道誰放在桌上的菸。已經付了入場費也不用擔心被店家趕走，跟幹部賭博還賴帳，死賴活賴就在店裡賴上一整天。把店裡當自己家廁所隨意穿梭，眞讓人佩服他不辨冷熱的程度，根本違背達爾文物競天擇論，集所有該被淘汰的個體的缺點於一身。爲什麼這個生物還能在店裡出現，唯一的解釋就是他都盤算好了，算好不管迎來何種臉色，就是決意要當浮浪貢。也不是完全的爛，他畢竟在店裡找到一個最省錢還能打發時間的好辦法，存與廢，你以爲原本應該是反義的兩個辭，原來在現實中貼得如此之近。

當然浮浪貢也不是那麼好當，有時候John會給他使絆子，有時他興致來了想點某一個小姐偏偏點不到。「我盡量不把小姐排給他，操，又沒賺到什麼，反正他現在是我們店裡的黑名單啦，不然就排那些沒人要點的（小姐）給他。」John這樣跟我說過。這倒有趣，我沒接過這個客人，卻已經知道他的那麼多八卦，通常順序都是顛倒的。不知道哪冒出來的自我感覺良好，主動跟John說我不排斥接他。有一天距離下班前一小時，John把我從小姐休息室叫出去：「妳快下班了吼？我現在手上還有一個客人，但看妳要不要接啦。」「誰啊？」「就是『那個』啊，他說沒點過妳，已經連續兩三天來這指名要點妳，我都把他排開，他剛剛看到妳空檯了，又跑來問一次，我想說這次也不好找藉口啦……就看妳。」我還是原則不變，有錢賺當然要賺。

推開包廂門，他已經在裡面等候，桌上放著冰霸杯，空氣中有水果類電子菸的味道，燈光被調暗，只見到KTV螢幕在輸入歌名。「你喜歡唱歌喔？」「對啊。」「你都唱哪種的？」「都電音欸……羅百吉的比較多。」不行不行，他口臭得厲害，一開口就讓我領受到極大的震撼，是一股青草茶味混著電子菸揉合而成的酸味，我預感這一個小時會過得很漫長。突然舞曲的節奏一下，他跳起來，手腳不協調的晃著，踩著懷舊的電音三太子腳步，跟不上節奏就算了，連唱也唱得吃力，沒有對準拍子。那一刻，我發現眼前這個人，跟我一樣，一唱歌就會透露出笨相，跳舞根本是基因缺陷無藥可救，好像在對了幾萬張統一發票後終於中了一張兩百塊。冰霸盃他太適合唱羅百吉的歌了！羅百吉MV有media player的不規則畫面及畫過眼前的電流，與冰霸杯自成一格拼貼感十足的前搖後擺，配合我在旁邊亂打節拍，他越唱越起勁。「欸好厲害喔！再來一首。」他竟然很驚訝，簡直是狂喜，重複地說著：「眞的喔、眞的嗎？」好像第一次獲得肯定。當然是眞的，我瞇起眼睛看眼前這個跟我一樣都是KTV災難的雙生子，多難得啊。然後兩首、三首過去了，他看我都沒唱，以爲我是因爲害羞，他鼓譟著我點一首。冰霸杯唱羅百吉的歌，我覺得我應該選一首俗又有氣氛的來搭，當時有電子節奏又攏溜連氣質的歌手就冒出李英宏，點了他的主打曲〈台北直直撞〉。「我直直撞，我直直撞，我直直撞，我直直撞，Crussin'Down The Street With My Moto……」唱著唱著，我瞥到冰霸杯矇矇的眼睛盯著螢幕，面對年輕人的歌所製造的陌生跨幅，他只能用藍白拖呆呆的點著地打節拍。雖然我唱得亂七八糟，但竟給我一種俯瞰的視角，自己可以主宰這首歌、這一點點自主的時間還有心理補償，得以逆反這包廂中我原本的角色位置，逃離當下的威力。

後來我又接點了蛋堡、Deca Joins、美秀集團……我想到所有中年人不會唱的歌都點了個遍，想不到的是冰霸杯不但沒有阻止我，一度還拿起麥有樣學樣的唱副歌。當他的聲音唐突的插入我的聲音兩兩和在一起時，又是一個法則被打亂，強迫卸載我獨占的時間，讓我看到域外的流變，原來如此，原來兩個唱歌很難聽的人偶然的歌聲相遇會是這樣子。站在我旁邊這個男人好像沒John口中說的那麼糟，頂多是你我身邊會有那種不合時宜的朋友，那個面熟輕浮卻非惡意，被人看扁卻沒有想證明自己，自溺又僭越的這種欠揍角色吧，這樣的人在任何情形下別人都不能傷害他或汙辱他了。好吧，我或多或少可以理解冰霸杯在店裡無賴作爲背後的對抗與較量。自己不知道是在哪個人生當口，認清自己不過是個平庸的困獸，無所依託的流放者，與生活排斥又游離。又是在什麼時候發現，隨著浸入社會的程度越深，那些曾經憧憬的亮麗外貌被一層層剝落，原來這就是成長的日常風景，那個叫不出名字的誰誰誰，現在也是如此這般。

唱歌不只是唱歌

「還剩下十五分鐘。」他難聞的菸味飄過來提醒我看時間，唱歌時間過得好快喔，不痛不癢的四十五分鐘一下就過了。這時候我們都唱得有些累了，我看他打開冰霸杯，突然想到一個很重要的問題還沒問他。「你那杯裡面到底裝了什麼東西？」他嘴巴的味道絕對不只是電子菸那麼簡單，那揮之不去的氣味跟發黃的牙齒背後一定有其他東西。「涼茶啊，啊有時候會裝青草茶。」他喝了一口，遞給我，我搖搖頭說：「難怪⋯你嘴巴的味道很特別哦。」我禮貌性撐住的笑容應該沒有破綻吧。「時間差不多了耶，你還要續嗎？」「不要不要，太累了。」一下檯，John馬上來找我：「怎樣？他有沒有做什麼事？」他要驗證冰霸杯是不是又多一個人討厭，表情露出他人遇到小災小難時毫不掩飾的興奮。「沒啊，我們就唱歌而已。」「就唱歌？他沒對妳幹嘛嗎？」「沒啊，我覺得他人還不錯啊。」當眾人皆以冰霸杯爲奇的當時，殊不知他是最爲清醒之人。

從這之後，我有時候會用唱歌來縮短工作的身體傷害。唱歌時我會雙腿交叉，客人的手便難伸進我內褲裡面亂挖，還能假裝想用心唱好歌，時不時輕輕地推開客人，他們頂多就只能摸摸我的奶。我想著每唱一首就少讓陰道發炎一分，這樣想就給我一種荒謬的勝利還有滿足感；滿足和荒謬或許源自同一個大地，關鍵仍在於自我的掌握，也許外在的客觀環境無法改變，但這並不意味著人就無能爲力吧。我會點一些客人無法參與的歌，草東、滅火器、9m88……他們說是「年輕人的歌」當作一種對抗手段，面對手指甲沒剪，指甲裡面都垢還硬要在陰道裡亂摳的客人、沒戴套卻想要插入的客人、懶覺臭得不像話的客人，幾首他們聽不懂的歌落下，給我能掃視他們的視角。把時間停在看男人所建立的制度暫時性癱瘓，在他們以爲能全盤掌握時，心裡開始盤算著能偷多少的時間。重點不是歌聲好壞與否，而是當我自顧自唱時，拉起那道虛擬之線，唱歌的人正在以歌聲抗議。一首歌時間差不多三分鐘，好幾個三分鐘過去了，被摟在客人的懷裡唱，此時你的嘴巴眼睛正在忙著獻給螢幕，客人只好拉你的手去摸他下面隆起的形狀，有些人無法硬，你便捏他的乳頭，用指尖沿著劃圈，還不能忘記控制力道。一隻手握著麥克風在竊取時間，一隻手還得回到原來世界繼續動作。這畫面很荒謬、我的想法也很荒謬，但人對希望的慾望與現實間的對抗或較量，所產生的情感就是荒謬。

有時候當然沒有那麼順利，就有找死的客人直接卡掉我的歌，催促我不要浪費時間，趕快弄一弄，嘴巴進進出出就對了。幹！你以爲很簡單嗎？慾望城市的Samantha這樣說過口交的辛苦：「你們男人根本不懂我們在下面的辛苦，牙齒要放對位置和控制下顎力道，邊吸邊止住嘔吐反應，同時上下擺動並呻吟，並試圖通過鼻子輕鬆呼吸，簡單嗎？·They don't call a job for nothing!」最後一句話我覺得用英文說更有力道。這是一個高體力高技術的勞動過程，弓身屈腳或靠牆倚立，有時候會在很不符合人體工學的情況下進行，可能屌長的位置不是很貼心，所以就位時還會肩頸酸痛。碰到叢林旺盛的，我就有貓在舔毛跟吐毛的畫面，於是我要想辦法避開毛叢，試圖不讓它戳進鼻孔。偶爾還會跟著精液一起吃進去，噁心反胃跟乾嘔的反應三箭齊發，撞翻所有優雅的殘酷劇場。

我自認不是一個敬業樂群的人，上班時總想著下班、工作時總想辦法當薪水小偷、學業上總是想走捷徑，一路以來態度頹廢的活到現在。所以當小姐時學會不順從的逃脫術，被打斷的歌聲屢敗屢戰，我還是會在毫無道理的世界不停吟詠著出路和解答。

EP8

度小月

冬天、疫情

北台灣受東北季風的影響，帶來鋒面雨。

不知道爲什麼對冬天發生的事記得最清楚。台北的冬天對躺在地上的流浪漢視而不見、對在寒流夜奔忙的外送員視而不見、對酒店小姐衣著單薄的繼續上工也視而不見。二〇一九年我對冬天的印象就像連續好幾個月溼漉漉泡在半融化的霜淇淋裡。房間冷到出霉，那些黴菌大到如雪灰堆般，慢慢融化成霉水浸溼我的房間，雨水帶來溼氣淋得人心懨懨，連地板都皺起一張流汗的臉，雨讓這世界的邊邊角角都在淌水。想要起身去把暖氣打開，身體竟被捆仙索一圈一圈的綁起來，動彈不得，只能任由它浸潤我的房間。從噩夢醒來，窗外下著小雨，我猜外面溫度大概十度不到，好想一直賴床，繼續糜廢到夏天來臨。在高雄的冬天從沒有那麼冷的天氣，也從沒有在一個衰衰舊舊的城市過生活。

冬天的早晨我都會把今天要做的事先想一遍，待會化完妝要穿單薄的小洋裝，外面再穿個針織毛衣，最後再套上大衣，下身裡面會先穿黑色網襪，再把發熱褲套在外面，如果還是很冷，我會再穿件略爲寬大內裡刷毛的褲子。如此層層疊疊，原本瘦削的我身體竟看起來有福態。

儘管我離店裡走路只有十分鐘，但冬天穿高跟鞋走路眞的沒在開玩笑，一步一步挨挨蹭蹭的走得像《陰屍路》裡面的喪屍，還會經過老人安養的中央廚房，幾乎每天中午不是藥膳就是麻油雞香，這時候你幾乎不想繼續走了。走到一半Jonh打過來，說是有客人已經來等了。搞什麼，現在那麼冷居然還有客人，這樣的心情很複雜，有錢賺當然好，一方面又想就算世界末日也阻止不了一個精蟲衝腦的雞雞，而且那隻雞雞的主人都是阿公輩的了。顯然年紀也阻止不了寒冬中提屌來幹你。爲什麼我會知道是誰？摸摸茶的生意跟酒店一樣，生意受季節性影響很大，淡旺季很明顯。中午就出現在摸摸茶的一定不是新客人，總是那幾個退休老人家，不分季節準時報到，等小姐的空擋就喝店裡的香片茶，彼此聊天交換近況，有時候會連自家外傭也一起帶來，當然不是帶來消費啊！是幫忙推輪椅，摸摸茶也算充當另類的養老機構吧。

曾在Dcard看過有人發文問：「小姐冬天的時候眞的穿那麼少嗎？」我在這邊回答：是的，一樣單薄，但你不能表現出來你怕冷，一樣是笑臉如春，你要讓客人以爲小姐有什麼黃金抗體還是十八銅人附身，身上自帶暖氣。你在休息室把外套脫下後，裡面的小禮服一展現就切換成戰鬥狀態，就像是美少女戰士變身的時候，她們也獲得一個新的身分認同與目標，感覺自己生在這世上有某些使命必須完成，這也是她們獲得力量的模式，而我的使命就是伺候。這其實滿有成就感的，當每個客人穿得跟粽子一樣，你穿著露背無袖的絲質洋裝踩著七公分的高跟鞋，把店裡的走廊當伸展台在走，客人戀戀不捨的回頭張望，莫名給你舉足輕重的自信。尤其是一群小姐從休息室走到客人包廂時那匆匆幾十秒的路過，就像「女性戰隊」一樣颯爽，個個火光燦爛。有時候獲得新客人點你的檯，就是被你在走廊上走路的神態所吸引。

有很多客人喜歡講年少的荒唐故事，聽了好幾個客人故事，好像爺爺輩的「年少荒唐」都差不多。打成逐字稿的話，會變成異性戀男子的通俗情色書寫。故事裡一定有騎腳踏車去學校接送女友的情節，或是門戶不般配但憑藉自己努力終於獲得女方家人許可，後來生了一子一女，兒子成家女兒出嫁，夫妻的生活就這樣到了老年。有一個客人特別喜歡鉅細靡遺的講與老婆或年少情人情竇初開的性事。他說他老婆年輕時候的樣子是一個不施胭脂的女學生，特別喜歡穿白色軟綢連身裙，那裙子微貼臀部，風一吹會看到內褲的勒痕，白洋裝掀起來欲遮還羞的樣子特別風騷，不知道多少男孩在夜晚爲了這一幕暗暗自瀆。而他是幸運的那一個，下課後他把老婆（當時還是女友）帶回去宿舍，兩人都沒有經驗，對異性和性的了解靠的是想像，只憑著賀爾蒙亂竄才終於摸索到洞口。後來開關便被打開，一下課就往宿舍玩「洞穴探險」遊戲，他的描述非常老派：「從乳尖到腰胯一處處品嘗那羊脂玉般的肌膚。」時間過去，他口中那巧笑倩兮的自瀆女神也老了，他只摸得到鋁箔紙般的老婦肌膚，想來摸摸茶也是為了再重溫她想像中詩意的少女身體，還有……老婆不願意與他做的事。他每次都花大半個鐘頭講他的年少韻事，講著講著他下面開始脹大，我便開始幫他把褲頭解開，「等等，有點冷，我要蓋個外套。」他便把外套蓋在大腿與我頭上，冬天就會呈現這樣荒謬的場面，外套摀著頭好像怕有人來稽查，我在外套裡面悶得喘不過氣，他則把我頭越壓越低。

在我吸吮撩撥龜頭時，他會繼續講故事：「我老婆都不會幫我這樣，年輕的時候很放得開，現在喔……啊啊對就是那邊，小惠我跟妳說，妳要會伺候男人，這樣才嫁得掉。」心裡眞的是大翻白眼，老人家的錢還眞難賺，除了要耐心聽他嘮嘮叨叨一些當年的故事，還要邊成為他故事中「巨大的自慰器」，想想也是可憐，因為他只能「背地裡享用，不能跟另外一半說」。我是沒把他的男性說教聽進去，有時候不禁會想是不是因為店裡是一對一包廂，他們才敢大放厥詞，就好像當兵這個對台灣男性來說曾經是無比驕傲、日後用來誇耀說嘴的特殊經驗重複說了一百次。有時候會想，如果今天換成了晚上酒店場景，青春男女在他眼前修幹，上演著他想要重溫的往日情懷，會不會帶給他性慾上的極大反挫？

射精就結束了，我去廁所漱口吐掉精液，水好冷喔，冬天上班眞的很麻煩，嘴脣容易乾裂，需要一直補口紅，口紅的成分最好選凡士林比較多，質地比較油的才具有保溼效果。如果選霧面脣膏，因爲裡面油脂成分少，很容易變成脣紋盡顯的窘境，在冬天嘴脣會乾裂到像磁磚一樣。補妝完回到小姐休息室，冬天的小姐休息室裡座無虛席，我意思指這並不是一件好事，代表一堆小姐空檯。上班前先花了治裝費、髮妝費，又在下雨的陰冷天出門，在店裡待上六、七個小時再空手回家都是冬天常見的事。有幾個小姐是蘭姐手下的，看今天沒有客人點他們家的小姐的檯，隨即帶小姐走，轉往按摩店或條通。

但也是在這個寒冷的季節，所有光線都只是陰影。彷彿事情還不夠慘似的，在這時候遇到他媽的武漢肺炎，疫情在中國大爆發的事情傳來國內，但剛開始時店裡還沒有改變，小姐仍正常上班，偶爾還在開玩笑說這是中共的消滅人口計畫。那時大部分人都以爲是他國事物，仍隔岸觀火與我無關，我也是這麼想的。但就像卡繆說的：「當戰爭爆發，人們會說：『不會持續太久的，這太蠢了。』」也許戰爭的確太過愚蠢，但這阻止不了它繼續下去。沒多久新聞就報導「金巴黎酒店女公關確診」的消息，接著後面一連串的事情，就像一朵雲一樣突然積聚形成滂沱大雨。疫情指揮中心宣布酒店、舞廳無限期停業。

新聞傳出的當晚，我傳訊息傳給John：「所以現在是還要不要去店裡呢？」

「我們店裡也正在討論，理論上還是要開吧，不然小姐怎麼辦？等有消息再通知妳們啦……我自己覺得應該沒那麼嚴重。」John也是先試圖告訴自己，生活和以前一樣，沒有改變。

然後我就這樣待在家裡兩個多禮拜吧，每天用手機看新聞報導金巴黎女公關的消息，我第一次感覺惡意竟蔓延得比疫情還快，醜惡與歧視從未消失，只是被隱藏起來。一開始這位小姐發現在中國工作的台商客人有明顯發燒跟咳嗽的症狀，第一時間就通報了政府，新聞媒體紛紛用「護國小姐」來稱讚她，後來這台商被罰了三十萬。但事情沒有因此落幕，接著臉書、PTT開始有一些討論，大多離不開疫情期間小姐爲什麼還要接客這種道德論戰，社會對疫情的反應歷程，到個人的恐慌情緒狀態，通通指向「我們需要一個代罪羔羊」。那時候社會還沒有意識要「保護」確診者個資，何況女公關又不是確診者，加上性工作者不管是社會還是政府對待的態度，就是被男人的一張嘴拉著走，需要你的時候說你是「減少社會性犯罪」，出事了又拉你出來墊背，說你是「社會亂源」，不是聖母就是蕩婦，而這兩種都不是女人自己可以選的。當時她的名字、身分、職業、婚姻狀況，都有人不時惡意透露。於是在安靜卻輾轉難眠的夜、等公車等得不耐煩的早晨，以獵奇的眼光進行的細微暴行在網路上慢慢開枝散葉，砲火潛藏在一個又一個帳號裡。後來聽 John 說這位「護國小姐」被高雄各大酒店封殺，原因是因為她去舉報。再後來呢？小姐去了哪裡？我也不知道。我想難道這不是戰爭嗎？這裡與那裡開始殺戮，沒有資源的人等著被吃，屍骸疊著屍骸，只是這場殺戮發生在沒有任何特別記憶點的淡漠清晨，像魚從海水中被打撈上來，翻鰭拍尾一陣後便氣絕。讓大家都噤聲可能就是最好的心靈懲罰系統吧。

四樓、七樓

「欽李哥說明天可以來上班了，只是我們現在改在四樓一間辦公室，妳有去過嗎？」John 打電話來。

「啊政府不是說現在要停業嗎？」我的問題好像滿蠢的，明明我們就是最黑的。

「是啦，但現在就要低調一點，小姐還有我們也要賺錢啊，反正妳明天搭到四樓，不知道怎麼走再打給我。」

從我家新生北路二段走到林森北約十分鐘短短的路程，我第一次看到林森北那麼蕭條，沒有腳穿藍白拖的阿伯在麥當勞前閒晃，也看不見幹部在店樓下用手機叩客，除去了有人的街景，眼前只是一棟素顏的辦公大樓。好不習慣突然兩極的變化，原來差異與重複是共時的。

沒有什麼在台北是「過」不去的，記憶中最愛去的地方或許在短短幾年內就會消失。萬仁的電影《超級大國民》中，許毅生重回離開三十四年的台北，想探訪老友，從南京東路轉進狹小又彎曲交雜的小巷，鏡頭遊走於十四、十五號公園預定地違建群的巷弄間。許毅生從容拿著照片在景物全非的環境中找尋著的景象，在電影中酒酣耳熱的林森北，誰會知道依存於一旁的這塊土地交雜著活人、死人、墓碑，對我來說這裡就是B片版《神隱少女》的場景，彷若是被遺忘在中心的邊緣，獨自成爲一塊「樂土」。再次踏上林森北路時想要找些什麼，好像電影中失焦的背景想用力看個清楚，這時候我才發現，原來我有一點點跟林森北的革命情感。它此時面目孤寂，我也跟著垂首嘆氣。政府勒令酒店和舞廳停業的決定彷彿宣判「這裡是有罪的」。

搭電梯上了四樓，原來這裡是還有一般住戶，所以商辦大樓的外貌，裡面有幾層是給八大行業用，有幾層是一般住宅層，那這到底算是什麼類型的建築？台北的建築一直眞讓人困惑，像是步登公寓對我來說就是台北特色吧，因爲樓梯窄得不像話。對比我在高雄看到的公寓，通常在樓梯與樓梯間會有配置走廊，作爲迴轉道與梯間。不知道是不是台北人腳步比較快，讓上樓的過程也變得直率省時。我打給John，沒有接，四樓每一間住戶的門樣式都長差不多，不是鑄鋁雙管門就是白鐵壓花門，且整層樓都是白得要死的日光燈，我自己也不相信這裡有做「黑」的。我不客觀的直覺判定有一戶大門感覺怪怪的，按了電鈴，開門的是一個面生的婦人：「你找誰？」

這要我怎麼開口，店裡面有很多我沒看過的幹部，如果她是的話那就是我狗屎運猜中了，如果不是的話不就暴露了這裡的祕密？

「呃……那個……李哥在這裡嗎？」我硬著頭皮開口。

「誰是李哥？」

「就是……店裡的……」

話還沒說完，John的聲音打斷我：「喂！在這裡啦。」他從我後面的白鐵門對我招手。

還沒完全踏進去菸味就先出來打招呼，裡面大概有四 五個老幹部在抽菸，控檯姐妹花在一張小桌子上算帳本，李哥邊看電視股價下跌邊罵髒話。小姐加上我大概有五 六個人吧，芸芸、未來、粉圓、Gina、潘潘。我問John這裡是什麼地方。

「這裡就我們的辦公室啊，現在妳也知道三樓不能開，啊就先暫時用這裡，啊粉粉怎麼沒跟妳一起來？」

「她說她頭痛……我以前怎麼不知道我們公司有辦公室？」

「妳沒上來過喔？這裡就會放錢啊，有時候會有美眉把一些包包放在這裡啊，下班再來拿，哦因爲妳包包都放小姐休息室吧，所以才沒來過。」

子璇哥看到我，又開啓黃腔模式：「哎呦小惠妳來了喔！又沒穿內衣耶，每次我看到都很想捏。」比出一個欠揍的手勢。

「我都沒捏過你捏什麼！」John也加入這個臭異男笑話。

「煩耶，你們不要鬧啦。」

「現在有小姐要來眞的要阿彌陀佛了耶，妳沒看李哥臉色那麼難看，他股票又跌了啦。」

子璇手指站在小桌子旁的李哥，我轉頭看他的額頭深鎖都快密合成一條線了。

「怎樣啦，幹今天跌十幾萬欸，小惠妳有沒有錢借我？蛤？」李哥又笑又無奈的說。

「我有錢怎麼還會來啦！」說完，我找個位子坐下開始滑手機。

其實以前在三樓的時候，是很少會出現李哥跟我們這樣互相伴嘴的情況。三樓有三樓的規矩，摸摸茶雖然不像禮服店有更多明確工作流程與訓練有素的桌面服務。但摸摸茶還是有儀式感要遵守，幫客人準備紙巾、倒茶、營造戀愛氛圍取悅客人，我覺得是半個侍女半個妓女。看檯時走路要列隊，要精神抖擻，李哥會在後面喊：「身體挺直啦，沒吃飯膩？」然後跟客人一個個報上小姐的名字。三樓有三樓的規律節奏，有時候每個明天都像今天的複製貼上。現在一切充滿不確定性，不確定什麼時候會正常復工，不確定眼前的人以後還會不會再見，可能我也沒有其他圈子能去了，不是摸摸茶有關的事就是打開軟體約炮吧，我沒有跟誰互相牽制，我在自己的世界裡原地打轉。因爲突發事件打破舊有的秩序網路，荒謬呈現出一絲寒愴中的暖意。

「有客人來了。」李哥拉開鐵門。三、四個中年男子走進這十坪不到的空間，進來後先量額溫、噴酒精。在小房間客人沒辦法一一看清楚每個小姐的臉，李哥只好一個個叫名，讓小姐站到前面給客人看。點到我時，我才看清楚今天來的是什麼人，不意外，就是那幾個最老又最摳門的老司機。我被前面三個人打槍，到了最後一個，這個客人原本也不想點我，在李哥連珠般像下咒一樣強推之後，客人才勉強點點頭。眞不爽，這個自視甚高的老東西以爲他是誰，頭髮像掉漆，皺皮又大肚的我也不想做他啊。但我算幸運的，至少有配到客人，剩下的小姐只好在房間裡繼續等待比從前更難的賺錢機會。

「所以現在要去哪裡？外面開房嗎？」因爲以前在三樓偶爾也有小姐被客人買好幾節，帶去外面開房間的時候。我是沒有過這樣的經驗，倒是印象很深刻有個小姐常常被客人帶出場，被帶出場可以在乾淨的旅館做，總比在包廂中，幾百位前人曾「運動」過的沙發上做來得衛生。眞羨慕把客人帶出場的小姐，還沒來得及請教她的手腕，疫情就讓一切都不同了，我也沒再看過她。

「去七樓啊，那邊也是我們的旅館，妳自己手機設鬧鐘，一個小時後送完客人走再搭電梯下來喔。」John說

原來我們店也是走色情一條龍啊！除了酒店跟摸摸茶外，觸角還伸到了旅館業，有次聽John說起某層樓也是集團下的賭場，這樣的八大規模在林森北似乎是常態。我對情色產業的了解實在很有限，導致雖身在其中卻只能從別人口中勉強拼湊起一點點形狀。但情色產業變

動得太快，尤其是台北，原來的面貌或許還沒記清，就被迫消除，重新輸入新的記憶，稍微改變一點都可以學會懷舊。

到了七樓，面對電梯門口的是暖木色調配的精品旅館，跟我幻想中的陰暗破舊的愛情賓館不一樣。裝潢風格有點文青，帶有書卷味的文案，用卡典西德貼在玻璃自動門上，字體還不是俗氣的康熙字典體，難道這裡有跟誠品聯名嗎？在櫃檯登記時，客人直接報了我們從幾樓來的，櫃檯人員拿出卡片給我們，表示手續完成。這裡應該除了當特種旅館外，也是正派經營吧，因爲我注意到跟我們一起在櫃檯旁邊，有一個外國人仔細的塡寫櫃檯提供的表單，交出證件，他應該不明白爲什麼我們可以快速通關吧。

房間不大，但明亮乾淨，有乾溼分離的浴室，Queen Size的雙人床，在台北如果不是有人帶我來開房，我自己也絕對沒辦法負擔這樣的空間。高中時家人滿常帶我去各城市旅遊，爸媽對風土人情有興趣，但我只喜歡待在飯店或酒店。沒興趣在炎熱的天氣早起陪家人去一些知名地景，是標準的數位漁民，對著奇怪的岩石或無聊海景擺姿勢拍照。很小我就學會布爾喬亞式的享受，如果有做spa的機會，一定不會放過。這個芳療師認穴精準、手技拿捏沒話說；上次住的那間酒店，浴缸旁附上德國精油，拿來推拿延展性很好；北投亞太飯店，芳療師端上熱毛巾開始，草本精華香氣飄進鼻腔，讓人瞬間放鬆。桃園福容大飯店江浙菜還不錯，鴨肉切盤很好吃。可能因爲知道隨時都會離開，沒必要眷戀過十幾年還會在原地的幾顆石頭，而且背著背包去陌生地，在人家門口走來走去指指點點，看起來也就是來賞玩獵奇那樣。但飯店或旅館是相當簡單的建築物，它在各地的版本都差不多，卻沒有一個空間可以像旅館一樣暫時回應了社會性與不同文化階層的需求。

但現在旅館變成工作場所，跟你一起來的人是你的嫖客，商業化的關係帶進來，讓旅館對我的意義更複雜了，當這些「不純粹」的想法出現時，旅館就不再是一個放鬆的地方。眼前的這個客人我有印象，是一位教國文快退休的老教授，很愛跟我說他對大學女生的性幻想，尤其是在講台前，他看到台下女學生穿著短群雙腿交插的坐姿，他都忍不住多看幾眼。

我脫掉衣服後，他認出我身上的刺青才想起我是誰。

「小惠，我看到妳刺青才想起妳欸，啊妳論文寫得怎樣了？」

「就一樣進度緩慢啊，啊妳今天怎麼來了，學校現在都不用上課喔？」

「疫情啊，現在都先暫停上課，所以我現在都沒事。」

寒暄幾句，不過一會兒工夫，我就用女上位坐在他身上，在他身上劇烈的晃動起來，他像一個嗷嗷待哺的嬰兒，源源不斷的呻吟從他口中出來：「捏我奶頭……我快了。」我也是做了這行才知道，男性喜歡被捏奶頭的比例比我想像的高，但很少男生正面承認過這點，承認乳頭一被碰觸就硬到炸裂。不到半個小時，教授射了。

「啊……太久沒做了，小惠妳剛剛那樣用眞的會受不了，妳這樣剛剛有舒服到嗎？」

「有啊，在床上做比在沙發做舒服多了。」

「這是沒錯，那個沙發我都覺得很不衛生，妳想想多少人在上面啊，我回家都還要洗一次澡。」

「是不是！沙發眞的很髒欸，而且這邊等下就能直接洗澡了。」我跟教授一起埋怨三樓令人頭皮發麻的沙發，但講完這個我們很快就沒話題了，沉默半晌好教授開口問：

「妳要不要先去沖澡？」

「喔好啊。」

雙雙沖完澡後，我鬧鐘的計時器響了，一個小時到了，教授從口袋掏出了三千塊，一千是給我的，剩下要繳給公司的，我坐電梯到四樓把錢交給John，又帶了新客人回到七樓。那一天都是這樣的模式，客人跟我到七樓性交易，結束後我再回到四樓把剩餘的錢給公司。想一想這樣賺其實滿輕鬆的，少了摸摸茶中要賣笑、美學的身體勞動，還有平常公司的服裝規範。這樣直接開房進行性交易其實簡單得多，男客射精後銀貨兩訖，我只需要「賣淫」不用「陪侍」，減少了很多表演性質的情緒勞動。

只是這樣的狀況沒有持續太久，政府勒令酒店和舞廳無限期停業，也沒公布任何配套措施，漸漸老客人也不敢再上門，連續一個禮拜我去四樓都是空手而回，這樣下去不行啊。

粉粉打電話來問我最近狀況如何，自從三樓停業後我就沒看到她人影，原來她轉去別的地方賺錢了。

「妳說妳現在在哪工作？」

「半套店啊，現在這邊生意比摸摸茶好一點，想問妳要不要來，不然我自己在這邊很無聊。」

「可以啊，我已經一個多禮拜沒客人了，超慘的。」

「我給你這邊經紀人的Line，他叫大象，人還不錯，妳就說妳是我朋友。」

掛上電話，粉粉傳給我大象的Line，我丟了訊息過去：

嗨，我是粉粉的朋友，我對你們那邊的工作有興趣，可以去面試嗎？

EP9

牛仔很忙

養生館打工一週

「妳做這個多久了？」

「我沒做過養生館，之前都是在摸摸茶店工作……但現在疫情摸摸茶很難做，所以想說換個環境試試看。」

「妳可以傳幾張照片給我看嗎？」

「可啊，要穿衣服還是沒穿衣服的？」

「哈哈哈妳要傳裸照我也是可以啦。」Line上面男子，暱稱寫著大象，照片上染著一頭金髮，厚重的金色瀏海幾乎遮蓋住半邊臉。

跟摸摸茶線上面試的流程差不多，丟了幾張照片過去，大象跟我約了後天下午去公司看看環境。那天，我印象中他開車來我家樓下接我，原本我在電話中先推辭，大象說他反正很閒，我家跟公司也順路之類的，讓我拒絕不了。總之那天下午，我坐上一個陌生男子的車，進到車裡，我才看清楚大象長什麼樣子。臉上還有嬰兒肥，幾顆青春痘顯得稚氣未脫，卻開著改管的進口車。張揚、通俗，是八大行業成員的標準樣板。

略過天氣、年紀等話題，大象在開車時直接用手指指了一遍長春路上的養生館：「妳看那間樓上也是在做的」、「那間是我們的對手」、「那間是外籍的」。短短十分鐘車程上的一路風光在他口中一覽無遺，可能是要凸顯他對這行很了解，只是這樣張揚讓我對他更多了幾分警戒。

「所以現在是直接去上班嗎？」

「妳的衣服不行啦，我先帶妳回公司換衣服，順便跟妳做點簡單的員工訓練。」

「有員工訓練喔？規模做那麼大？」

「對啊，我們不會像摸摸茶一樣讓妳們空檯啦，一定每個小時都會幫妳們安排客人，粉粉也跟我說過摸摸茶很難賺，不然妳們幹嘛想跳來這？」大象一臉洋洋得意的說。

他口中所謂的「公司」，是一棟二十幾坪的民宅內，用幾塊木作隔板隔出幾塊零散的空間，有幾台沒在用的電腦，機型老舊。放在鞋盒內堆積如山的高跟鞋擋住一部分的出入口，還有幾桿的衣服都擋到走道，這裡比較像倉儲空間。一進門，幾個阿弟仔、阿妹仔抬頭看了我一眼，隨即視線又回到手機上。大象跟一個中年男子說帶新妹來看看，那名中年男子領我到隔壁的「會議室」。這什麼會議室？我覺得比較像簡陋版的酒店包廂，紅色的絨布面沙發，大理石面的矮桌，桌上有悅氏的杯水也有菸灰缸。如果你今天在做遊戲場景設計，要做出一個「通俗」的酒店包廂，就會長這樣。比較特別的是桌上放著一台電腦螢幕，我猜不出那是要幹嘛用的。中年男子帶我進來後就叫我在這等，他便走了。我坐下，先東張西望，開始摸桌面，確定那大理石桌子是假的，再略摩挲桌底下有沒有什麼突起物，以確保桌面沒有監聽器。我還幻想這如果是日本的整人大賞，這時候電視上會有子母畫面拍到主持人困惑的表情，看見包廂內的女子舉動鬼祟，下面會出現金色粗體大字「何してんの～」用波浪動態的效果經過螢幕。

當我確認得差不多時，以彌勒佛的臥姿癱在沙發上時，大象就開門進來，手裡拿著兩張A4紙。他看我立刻起身坐正，便問我剛剛在幹嘛。

「沒事，只是等太久有點想睡哈哈。」

「哈哈，我剛剛去準備一些上班前要用的資料，花了一點時間。妳說妳之前都沒經驗嗎？」

「我沒在半套店工作過，但之前在摸摸茶幫客人打手槍或S都會做。」我很認真的跟面試官交代之前的工作經驗。

「啊，那這樣我也不用解釋太多，妳都可以接受，那妳應該會覺得養生館比較輕鬆，大概就幫客人打手槍陪洗澡，而且也都是年輕客人比較多，妳做起來會比較開心吧。」

「希望如此啦哈哈，那工作流程是怎樣？」我想趕快進到重點「錢」。

「不要急啦，但這態度很好哈哈哈。妳上班時會去長春路上的工作室，那邊會有大姐帶妳，所以妳上班不要跑錯喔！那我們這邊也跟摸摸茶算法一樣，以一節六十分鐘來算，妳跟客人進去就開始計時，妳大概花十五到二十分鐘幫他洗澡，洗完澡後就按摩，然後就開始……嗯妳知道啦。時間到了就出來，不難，啊我的工作是幫妳安排客人，所以妳一到店裡可能帶妳的大姐就會告訴妳今天有幾個預約，我盡量不會讓妳空檯。」

「但妳可不可以去上班還時要給大姐看一下，妳現在穿的……有點不太行，那邊美眉穿得比較競爭，可能大姐不會讓妳過。我請人帶妳去隔壁搭個衣服，然後拍張照傳給大姐，OK嗎？」

我的衣服竟然又被嫌棄，我跟摸摸茶面試第一天穿一樣，H&M的細肩帶豹紋洋裝，因爲衣櫃不夠大，這洋裝長時間壓在衣櫃的角落，像梅乾菜。兩次穿這件洋裝都是爲了讓它帶我找到容身之處，因爲縐摺而被嫌棄，但沒得挑選而被擠壓變形的人生壓得我們喘不過氣，這條裙子就是現實。

我越來越懷疑這裡是網拍倉儲了，隔壁房堆滿像是從淘寶批貨來的大量衣服，其中一半連塑膠袋都還沒拆，另外一半明顯是有人使用過，有幾件用迴紋針調整肩帶，裡面還塞了胸墊。正當我對著這堆衣服發呆時，有一個大姐進來，她在那堆衣服中翻翻找找，拉出一件黑色小禮服在我身上比劃，喃喃自語：「好像太大了……」接著又拆開塑膠袋拿出另一件走豔麗風亮片小可愛，我換上後大姐雙眼瞄準我的胸部，一望無際平面的二維影像，我們不發一語。大姐又埋頭繼續翻衣服。可能是等太久了，大象進來查看，「還好嗎？」我穿著衣不蔽體的小可愛跟內褲對著他，太恥了，我趕緊抓了旁的衣服擋住全身。這害羞不是因爲女性遭社會長期規訓穿著暴露會引人遐想的羞恥，是這亮片小可愛眞的醜到太具娛樂性，顯得格外赤裸，全脫反而還沒有這樣的狼狽相。大象只是淺淺笑了一下，嫻熟的從一排掛起來的衣服中拿起一件藍色絲質襯衫，襯衫下面掛著一件西裝面料的短裙，我明白了，這是人設套裝。這套大象拿給我這一套叫ＯＬ人設，據他所言，鄰家少女的長相配上輕熟女打扮最能撩撥男人。我只想女人的身體眞是很難與性慾、生育與社會資本等工具性脫鉤，時時都要考慮被算計爲誰服務，成爲哪種腳本，只想要哪天讓身體眞正休息了，徹底不爲誰服務了，讓我自己也對自己不感興趣。

「這衣服因爲是別人穿過的，就先送妳喔，但高跟鞋妳要自己買。」剛好我進門的大廳就有一牆紙盒山，這麼剛好裡面就有全新的黑色高跟鞋。這裡眞的不是網拍店嗎？我怎麼像是被導遊丟去觀光店強迫消費的盤子。原本想拒絕，但被大象一句：「我們已經賣得很便宜了。」我硬是把話吞了回去。哎不是價格問題，是美醜問題，憑什麼我出來賣的就要穿俗氣的水鑽露趾高跟鞋呢，對於一個以前從事設計工作的人而言，對於美醜的計較體質實在彆扭。但又在心裡反覆搧自己巴掌，自審是不是心裡太有餘裕才在乎這種奢侈的小事。選完一雙最素的黑色高跟鞋，大象叫我穿著走走看。

「不錯耶，跟衣服很搭，看得我自己都有感覺。」好噁，我眞想拿高跟鞋往他頭砸過去。

大象又把我帶回剛剛那間會議室，又拿出那兩張紙，一張是塡寫一些基本資料，姓名、出生、年紀……咦身分證字號？我無法用一般工作的眼光來衡量這些「基本資料」，在摸摸茶的工作經驗都是聽到店家掌握了小姐的一些資料，簽了什麼奇怪的契約，從此小姐像千層蛋糕，而店家手握奶油刀，層層剝開舔咬。第二張是一張工作規範，裡面洋洋灑灑大概有十條吧，每一條都後面都是以「如果犯了╳╳事，將會從薪水內扣○○元」結束，像是到班吧，遲到或忘記打卡都要扣錢，請假還要補班，忘記補班也要扣錢。再來儀容規定也比摸摸茶嚴格，素顏要扣錢、沒穿高跟鞋也要扣錢，看來看去就是想辦法把小姐辛苦賺來的錢再撈回自己身上，眞的很有大企業思維呢。

明明是一起完成目標，小姐們賺的是客人的檯費與小費（配S），而大象賺的是旗下小姐的檯費抽成與包廂內的分帳，所以旗下小姐被點檯的次數越多，他的收入和業績當然會更好。至於我要去工作的養生館，裡面管店的大姐賺的是客人繳的場地費，這些盈利模式都跟摸摸茶差不多，可是爲什麼這裡好像是贏者全拿？工作風險都是第一線的小姐要承擔，好不容易賺來的錢還要因爲「工作規範」再把錢繳了回去，所謂的奸惡相是不是就長這樣？我也是滿佩服的，就這麼坦白地把「貪」字印出來，每一條的罰款金額都不算高，這樣的貪必須切成小小塊的，藉口有尺寸上限，才好哄人入口。爲什麼要這樣爲難工作者？不爲什麼，世間種種的爲難都不一定能得到解釋。其實自己也是心知肚明，各種衰尾的事情你在摸摸茶又不是沒遇過，拔套被客人內射跟店裡抗議也得不到賠償，事發當時就只能認了。「下一次一定能避免」的成功率是少之又少，只是又一次進退維谷。

「寫完了嗎？妳身分證要給我印一下，咦啊妳第二張怎麼沒簽名？」大象看我停筆，引來他的疑惑。

「我覺得這個我可能無法簽，這張上面一直扣錢，我覺得我可能做沒幾天錢就會被扣光光了……」

「哦原來是這個喔，這只是走一個形式啦，實際上我們也不會那麼嚴格哈哈，簽給店裡大姐安心的。」大象越是人畜無害的輕描淡寫，我臉上的怨念越是多幾分，他看我似乎沒被說服，開始軟硬兼施：「妳不簽可能店家不會讓妳工作欸，真的就一個形式而已，每個小姐都有簽啦，不會怎樣的。」

嘆了一口氣，唉好，簽上了本名，我想可能真的像大象說的那樣吧。偶爾還是要自我欺騙一下，好讓事情往下進行。

「那最後跟妳借身分證印一下就結束啦，還有上班也要把身分證寄放在櫃檯喔，下班才能拿。」大象說。

「蛤？要我身分證要幹嘛？」第二次心頭警鈴大作，John曾很認真的跟我說過在八大打滾很重要的兩件事（那是他極少數露出認真的一面）：不要亂簽合約、沒事不要把重要證件給別人，後面省略他舉例的慘況，但這警告言猶在耳。

「確認是妳本人，不是冒用別人身分來上班呀，而且如果上班遇到臨檢妳用假證件的話會很麻煩，而且我能拿妳的證件幹嘛？」

拿我證件可以拿來幹嘛呢？比如說拿我的證件去簽什麼「勞動合約」，要離開店時，卻莫名被追殺要違約金這種事，賺來的錢如遭到五鬼搬運，多麼冤枉，單單交付一個東西就能變成地獄。我想大象前兩件事說的算合理，在這行冒用別人身分的小姐也不在少數，至於上班要「寄放」身分證在櫃檯，給的原因曖昧不明，一不小心寄放就變成扣押了。厲害的說謊者往往一副人畜無害的模樣啊，越是悠悠帶過越是險惡，我想要達到這境界，杏仁核一定要先死透了才行。這也是性工作從業人員最不敢奢望的勞動基本保障啊，扣薪水、扣證件，扣這扣那的，在業界屢見不鮮。爲了不落到「人爲刀俎，我爲魚肉」的情況，跟狡詐的人還是要多計較一點。

「但我畢竟也不認識你這個人，就這樣把證件印給你，我還眞的不知道你會做什麼事……還是有什麼其他辦法？」話語剛落，我語氣竟比說謊的人還心虛，大象也一臉訝異地看著我，他還未回話，我不知哪來靈光閃過，脫口說出：「不然，你也印你的身分證給我，如何？」其實我不知道要拿他的身分證幹嘛。但現在應該是一個類似談判的情況吧，如何算，如何套利，拿什麼換什麼我也不是不懂。要談就要都放大檢視，那會像沒輸出完全的低解析影像，處處充滿可以挑剔的雜訊粒子。

「妳要我身分證幹嘛……哈哈。」大象的疑惑不正是我的疑惑嗎，他的回問讓我有幾分得意。

「我覺得交換……比較公平吧，而且你都知道我眞名了，那我也要知道你眞名吧，不是嗎？」

「我要去問一下能不能這樣，但要妳們身分證眞的是爲妳們好。」說完，大象走出會議室，找一個中年男子講話。

爲我好嗎？我不知道，這個道德海拔聽起來太高太假，只是另一個語言的詐欺術。

沒多久後，大象開門進來，手上拿著A4紙，是他身分證的影本。我身體有點震顫，血液沸騰，這個毫無道理的提議居然成功了。儘管小小的、微不足道的向世界頂嘴而已，就像《甄嬛傳》裡，安陵容死前吃下苦杏仁含笑而死，說著「終於能自己做回主了」。

「來，這是我的，這樣妳的可以給我印了吧。」「沒問題。」我接過他的A4紙摺成小小一塊，收到包包裡，儘管後來那張紙也弄丟了，這次之後我再也沒見過大象，但我仍忘不了那一刻發球回去的得意。大象給我的印象啊，像貌似很有一回事的排隊餐廳，口耳宣傳它是盤中奇異，說得多用力就有多空。

那台在會議室突兀的電腦被打開，「那，最後可以看一下教學影片……對妳上班會有幫助，看完再來找我。」

所謂的教學影片，我自己理解成在看A片時有人在旁邊一本正經的講旁白，影片大概十幾分鐘，大致可歸納爲兩大類：技術與術語、心態校正。教學影片下面有淡淡日文字幕，我想應該是直接從日本風俗泡泡浴的教學直接搬來。先領客人進房間，讓男客換上浴袍，接著遞上熱毛巾、茶水。影片有點年代了，有「讓您久等了，我是╳╳」這種禮貌性對白，講話全程敬語，對客人畢恭畢敬，還有九十度彎腰送客離開這種情節。旁白小姐說：「這樣的舉動能讓客人對你印象加分。」但這種單向的過度禮貌，反而無意間拉遠了距離吧，偶爾我也會這樣婉轉又不失教養的讓事情趕快了結，言外之意是「快滾吧你」。

技術很直接的就解釋打手槍技巧、愛撫敏感帶、音樂（口交）、如何磨蹭男客直到出來，手是怎樣省力等等。就是透明公開、程序正義的衛教片，一點也不情色，越沒有禁忌也越沒有踰越的快感。旁白小姐又說：「也不要太刻意讓客人趕快射精結束！這樣會少了親切感，適時的親吻客人、幫客人用熱毛巾敷臉或按摩更能增加好感度喔！」皮笑肉不笑的口白，旁白小姐與背景的打手槍畫面貌合神離，OK我明白了。

好物不堅固

我就曾遇到杏仁核還未萎縮完全，愧疚感還在路上的菜鳥經紀人，在包養網站上認識ENO，他不是上來找女生性交易，ENO是初出茅廬店經紀人，因為不知道能去哪裡找妹，所以上包養網站先自己掏腰包每月花兩千多的會員費只為徵得到第一個旗下小姐。ENO真的很菜，菜到連很多業內黑話都不知道，只知道自己要帶美眉去適合的地方上班，解決美眉的疑難雜症。但舉凡跟客人互動的技巧、處理薪資排班問題、甚至美眉從頭到腳的包裝都不知從哪下手。我從包養網轉到臉書上跟他聊天，他就透露了這些苦惱，看一下他臉書檔案，是個時下潮男，貼文多是他自己的Rap創作，放在Soundcloud上，並貼上自己的戶頭，寫著隨喜樂捐。跟他約出來見面，全黑的帽T，牛仔褲，本人比照片上更俊，一路上感覺到他的羞澀，不敢正眼抬頭看我，天然去雕飾的反應，可愛極了。ENO帶我去與酒店經理面試完，我們邊走邊聊天走回捷運站。我說我不會喝酒，但可以試試看去你們的店，這種時候常人大概會講些寬慰之語：「爲了生活嘛」、「搞不好試做你會轉念」之類的站著說話不腰疼的話。ENO卻沒有多講，叫我仔細想一想，我們在捷運站分別。

當天半夜，他丟訊息過來：「妳眞的確定要做這個？」「爲什麼不？」ENO說：「只是覺得妳好像在勉強自己，而且我覺得我這樣好像在騙人。」我下意識地回答：「蛤？你認眞的嗎？」這是愧疚感嗎？在這一年我的經歷裡這是很稀罕的「症狀」。但坦白說，我內心的感覺並不是全然的喜悅，而是夾雜著一些不安與憂心，擔心這樣子心無定性的浮島狀態眞的能帶我嗎？但被人擔心總還是有點歡喜的，傳了訊息過去：「要來我家聊聊嗎？」因爲知道ENO住得離我家近。

又是白天全黑的打扮，出現在我房間，我問他帶著電腦幹嘛？他瞇細眼睛，「給妳聽幾首我的作品。」ENO的創作大概算是軟一點的Rap類型吧，我並非對音樂特有獨特見解之人，只見他眼神亮了，五官立體了，如煙火苗將他背光的側臉點亮，如霧亦如電。那畫面美得令人屏息，我恨只能在一旁很雞肋的說著「好厲害」、「眞棒」這種陳腔濫調，結果陳腔濫調變成床上的淫聲穢語。ENO在床上抽著菸說著自己還沒搞懂要怎麼一邊顧生活一邊做音樂，誤打誤撞被朋友拉進來做經紀人，音樂夢想前途未卜，或好或歹，先試試看吧。結果好幾次因爲跟自己良心拉扯，有遇到想做酒店的美眉，但反而自己卻把她們勸回去，就像這次他想勸退我一樣，就這樣來回，對自己歉疚，也對別人歉疚。

說實在，我看ENO的狀況還比較棘手，勸退一個美眉後又要煩惱生計與理想的平衡。但他的善意確實感動我，善意與同理，常常就是努力掙扎過一下，草草率率地就被城市吃掉了。他的想法未必只是單純的憨直，想必也是吃過低潮的苦，遭了罪，看過人受摧折後流淌的血，所以從俗世中又累又渴、又乏又痛的半途中長出了善，失意中那一點點珍貴對你與對自己的同理。後來我也順他的意，沒去他那工作，說到底我是自利的，在差一點就會想抓緊他當浮木，只因貪戀他的善良，必須藉對方的光來照亮自己。後來我主動封鎖ENO，依照過去經驗，美好的人背後總是蘊含危險訊息：短暫、脆弱、易碎，好物總不堅固。而我也怕過度吸取難能可貴的特質，當人去樓空後，更難忍自處的孤寂。後來，我在信義區買露易莎的時候見到他，臉龐依舊俊俏，但我不敢上前去點餐，他亦忙著沖咖啡，怕他抬頭看見我，旋即轉身走掉。

如何遠離手臂痠痛

「打了好久都沒射，要不要提議直接S了？我手好痠。」在養生館工作第一天就覺得這個工作是重度勞動，在這一個小時內過度重複的動作讓手臂疼得厲害，大拇指的肌肉群腫脹，慢慢的痠痛蔓延到背上、肩上，變成有一點偏頭痛。這是今天第四個客人，在這之前，我還沒讓任何一個客人在我手上射出來過。洗澡、音樂、按摩都幫客人做過一次後，就剩下面前這根勃起的老二要處理，偏偏它就跟我過不去。淋上店家附贈的廉價按摩油，手握陰莖基本姿勢準備完畢，把客人的包皮往下拉，一隻手反手轉摩挲再上上下下來回、或是兩手併用一手抓著陰莖根部，一手按摩龜頭，我想得到的手法都出場過了，連續不停的動作，中間沒有停頓。手的痠痛感已經快到極限，但負傷最重的應該是我的腦子，困擾於始終沒有動靜的陰莖讓我腦力與精神透支。

「我比較難出來一點啦……我自己弄就好，妳在我耳邊叫給我聽。」這位年紀看起來跟我相仿的客人在半個多小時後開口了，我在他耳邊輕輕呻吟，他幫我完成我剩下的工作，自己搓弄幾下就射出白色的液體。

「不好意思欸……我第一天來，還不太知道怎麼弄，還讓你自己來，有點不好意思。」

「沒關係啦，這種就多練就好了，時間差不多了，我們收一收出去吧。」在我滿身大汗用溼紙巾擦拭臉部時，客人補了一句：「但下次可以，試試看多一點挑逗啦，都不講話滿尷尬的。」啊，對啊，是這個，我居然忘記了。過去的半個多小時，我一語不發，眼神死盯著他的性器，好像跟他有仇。居然忘記在情色產業，相較於赤裸裸的性，體現親密感也是另一個重要的銷售商品啊。在有限的時間內，持續不斷地感受到身體痠痛的知覺，同時傳遞親密氛圍給客人，營造情人相處一般的挑逗感，養生館就是這樣的工作。摸摸茶一樣也是要親密勞動，戀愛fu，但去性化的身體勞動反而不是重點，相反的就是靠各種氛圍營造、情慾展演來讓客人一步步進到「自己很特別」的角色中，這樣也比較好順水推舟的問客人要不要加碼S。而養生館，各個環節有精準的時間控制，負責控檯的大姐交代，在五十分鐘內，幫客人洗澡十五分鐘、按摩十分鐘、輕功十分鐘，最後就用音樂與幫客人打出來爲止算結束，最後留十分鐘讓客人洗澡，小姐把美容床整理好，鋪上乾淨的拋棄式床巾，摺好新的浴袍，等下一組客人使用。

好多流程要走，有時候用了這個就忘記那個，想著想著就嚴肅的發慌。懶散的人特別需要彈性，懶裡面有一種體己性，亂吃晚睡亂穿衣，都與別人無關，更體貼一點的人會離群索居。而養生館恰恰相反，細碎的流程讓人謹小愼微，遲到罰錢，進入房間後忘記扣暗鎖要罰錢、離開房間後美容床沒整理好也要罰錢，被發現與客人私下交換聯絡方式這條更大，直接被冷凍兩個禮拜。這裡好像用玻璃蓋的，經不起一點微微的動盪，還是說偏執的心理容不下一粒沙，在「上面」管理者的眼裡看來，小姐就是需要好好的治理，不然就會移山倒海，在他們眼皮子底下翻出片天似的。這種上對下的視角中，跟用公衛管理名義，強迫八大無限期停止營業的概念頗像，一律先用八卦鏡降魔，還沾沾自喜以爲自己是劍客燕赤霞隔離了疫病源頭，一切程序正義，法源有據。

回到小姐休息室，幾乎大部分的小姐都躺在地板的軟墊上，有的在滑手機，有的在睡覺。休息室很大，裡面有廁所、化妝檯，幾張桌子成用餐區，還用一個簾子隔出抽菸空間，就是現在很流行的商用複合式空間，只是這裡沒有結合藝廊與餐廳。養生館是二十四小時營業，所以小姐整晚不回去直接睡這裡也沒有關係，能接多少個就接多少個，而且還有棉被跟枕頭。我隨意找個軟墊躺下，把手臂放平，不滑手機，讓雙手盡可能休息。過沒多久我聽到小姐們聊天中有一個熟悉的聲音，粉粉聲音扁扁的，很好認，我走過去跟她打招呼。

「欸！妳什麼時候來的？都不說。」粉粉笑著給我一個擁抱。

「哈哈，忘記告訴妳了，啊妳來多久了？」

粉粉數著手指，「一點、兩點、三點……應該來好幾個小時了吧，只是剛剛都有客人，啊妳勒？」

「我跟妳差不多時間來的，可是我今天只有接到兩個客人，而且我手好痠喔，肩膀也是。」看見粉粉令我安心不少，只是出現在我眼前，我就覺得這裡沒那麼令人畏懼，光是她的出現就覺得被拯救。

「我也是啊，之後就習慣了啦，啊妳都上什麼時候的班，我要跟妳排一起，不然這裡都沒有熟人。」

「好啊，我現在上二三四五……但我跟大象說我只上到七點，不然太累了。」又像在午場一樣，能一起上下班當然是很好，只是我不敢告訴粉粉，我可能待不久。粉粉跟我移步到軟墊區，她躺在我隔壁滑手機，靜待休息區的電視出現下一輪被點檯小姐的名字。養生館，老司機通常都是預約後才前往，所以受歡迎的小姐們一到班就會直接上工，而上工前要來休息室的電視看一下今天自己哪些時段已經被訂走，空的時段就能在休息室等有沒有客人一時興起，現場點檯。

我也不是很清楚到底大象是怎麼把我跟粉粉推給他的客人，難道只憑我一開始在Line傳了一張很日常的照片給大象看後，大象用那張照片就能說服客人消費？那這業務能力也太高超吧。粉粉比我早來幾個禮拜，她應該會知道些什麼。

「欸，問妳喔，妳之後還有再看到大象嗎？」我轉頭問在滑手機的粉粉。

「沒啊，怎麼了？」

「沒啊，我是想說，客人又不知道我們長怎樣，這裡又不常看檯，那大象是怎麼幫我們約好客人啊……」

「哦，妳很呆欸，妳看這裡休息室外燈都暗得要死，我也不是多正，班還那麼多，就知道這一定是假的啊，個工都這樣啦。」

我還沒有明白她的意思，粉粉的名字就出現在電視上，五分鐘後去接待客人，她旋即起身去化妝桌補妝。但也沒關係，這行我水摸得淺，承認無知，就是獲得知識的第一步。拿手機輸入「個工、半套、照片」這幾個關鍵字，跳出好幾個老司機在論壇上經驗分享，人類經驗的數位化真的是這世紀以來最有價值免費原物料。

如果不是這些司機分享他們喝茶吃魚的經驗，我也不會知道手槍店、養生館在情慾產業鏈算是底層又高度出賣勞力的工作，薪水也不算高，五十分鐘要幫客人洗澡、打手槍、口交，我只賺八百塊。但對老司機來說是CP值高的選擇，「通常價格大約落在2500～3500NT」、「若想要全套有些是要跟小姐私議一般多收個2000NT」。照片部分，大部分是經紀人在上網抓假照後進行修圖傳給客人，滿多個老司機在談論到小姐照片時，最多詬病的是根本不同人這件事。說來好笑，我看過的客人自己相貌、穿著、氣質都像處在農業時期、前現代社會。牛仔褲的腰線永遠偏高、襯衫口袋不知道哪裡來的贈品原子筆、疑似像阿公借來的皮帶，十個裡面有九個穿布希鞋。台男那種不介意別人目光已經到了公害的程度，明明美學意識嚴重缺乏，還矯情的學起小布爾喬亞階級口吻評鑑美醜。唉，放下手機，看完心情都不好了，這些司機還覺得有「道德」義務將這種情報廣傳人知，我只覺得台灣的街道路口都要放一面鏡子，或者讓每個男性身邊配一個直言進諫的魏徵，不然眞的是以爲自己有錢就能遮羞包醜了。本來只是想了解一下養生館的招客方式，被這些Y染色體的留言弄得心裡烏煙瘴氣。

轉頭看九點鐘方向，化妝台有小姐在黏假睫毛，眼睛大而靈動；有的妝在幫客人洗澡的時候花掉了，打開粉盒仔細遮瑕、畫眉點唇。晚妝初了明肌雪，春殿嬪娥魚貫列，李煜的〈木蘭花〉說的大概就是這樣的狀況吧。一位有亞利安人身高的小姐讓我注意到，沒有瑕疵的白瘦長腿就在我面前輕盈走過。這個畫面比較性太強，比Y染色體的留言給我的情緒力場更震盪，矮小如我還是先把頭用棉被蓋起來好了。

流水線手槍

高中看卓別林的《摩登時代》批判工業化對人性的摧殘，卓別林在工廠流水線一直不斷擰螺絲、擰螺絲，擰到瘋癲無狀。那時還未出社會，少女心旺盛，把重點全然放在卓氏與孤女會不會修成正果，全當愛情喜劇來看。跌打損傷後還是攜手浪跡天涯，末梢開了花，少女心裡也反覆虛構理想愛情的樣子。長大後才知道其實電影有兩個結局，在另一個版本中，卓氏最終神經失常被送進精神病醫院，而前來看望的孤女變成了一個修女。離別之際，孤女渴望卓氏能回頭看自己一眼，但卓氏最終沒有回頭。卓別林拍完後覺得這個結局「過於痛苦」，才有了後來我們看到的勵志結局。卓也知道虛擲了龐大的精神後，沒有什麼比一切都沒改變更恐怖的懲罰了。摩登時代，跨越了世紀與空間，現在來到工作的店裡。

半套店有《摩登時代》的特色，打手槍、打手槍，不停重複單調繁重的手活（偶爾也有嘴活），時間、事件、地點，連續好幾個小時重複循環，即使過程中遇到意外的事件也會成爲預想中的例行公事。像是工作的第三天，早來晚來的奧客終於登場，一位中年男子爲了他手錶上的時間跟我碼表計時的時間對不上幾分鐘而大發雷霆，懷疑我偷工減料偷時間。我越來越懷疑這些事件的發生其實都是樣板戲，很弔詭啊，怎麼又是中年男子？容我冒犯，但我在工作上遇到的中年男子總是歲數越大越小氣，年齡跟摳門程度成正比，還有肚子。眼前這位大發雷霆的客人，跟我說「時間不對啊」，硬是凹我再幫他打十分鐘手槍，兩個人臉都臭的，我也隨便敷衍，默默靜等碼表再次歸零。唉，脫卜衣服前都是整齊樣，誰知道光溜溜後心裡是處處機關。

「時間到了啦，我要趕快走了。」這男早明知道時間沒有不對，因爲控檯的Amy姐已經打了兩次包廂的電話催促，控檯的時間不會出錯。這男的硬是死皮賴臉按著牛頭強喝水。臨走前還不忘給我來一段職業道德訓話，突然變成衣冠楚楚的職涯導師，「妳工作要好好做，不要這麼偷懶，這樣妳做什麼會長久呢？」我想這種對話只敢對陌生人說，好比在坐上計程車，兩個陌生人在狹小的空間共享了一段時間之後彼此不會再見面，有些千奇百怪就在這段時間發生。在這段路程中，我後座的乘客顯然是常搭車的「本地人」，他知道哪裡有貓膩，哪裡就得處處提防，哪個美眉是新人可以揩油，反正付了錢下了車，彼此人生無干。我出包廂後，Amy姐說這是客人的老手段，知道新人好欺負，以後遇到，叫我不要理會馬上出來便是了。

我大概在養生館待了近三個禮拜，這份工作把時間切得瑣碎，制度又多，這裡不要摸摸茶的老派油條，我還懷念起在摸摸茶跟客人扮演師生戀的荒謬倫理戲碼，甚至覺得被我高跟鞋踩的橘背心也沒那麼糟（沙特還會說懷舊是對生活的反抗）。養生館銀貨兩訖的冷酷異化感讓我覺得在原地打轉，即使是那個大發雷霆的客人也是養生館的平常事件，因為明天又會重新復原，手瘀貼了藥膏後春泥了無痕，你不知道這種無聊有沒有截止日期。在摸摸茶的時候覺得那邊客人真沒規矩愛亂來，在養生館又覺得太有秩序令人窒息。也許就因爲這種毫無破綻的工作讓人扯不開頭緒，大概也是因此我身體才覺得格外疲倦，讓人想走避。最後只好先這樣定位自己：奧肖年。

有一天下班就決心不再回大象訊息，Amy姐的電話也不接，我決定明天不會出現了。倒是傳了訊息跟樂田說明天後不能跟她一起訂午餐來吃了。樂田是在養生館工作認識的小姐，有一次她看著我訂熊貓，在一旁喊著肚子好餓。她說她一天帶的錢只能夠吃一餐，剩下來省著給小孩。一天只吃一餐那怎麼行？之後我訂東西也會順便幫她叫一份，那我離開後怎麼辦？吃飽很重要，不知怎麼的就對這事很過不去，這是我在養生館跟摸摸茶工作覺得滿實際的事，什麼時事問題、天災人禍，都不如先吃飽才有力氣工作重要。一件很普通的事情，沒有什麼大道理，純粹看到忙得沒時間吃飯、不夠錢買吃的小姐太多了。普通的事情在這裡越特別，像是特權。領到全薪沒被扣錢很像特權、接完客人後好好坐下來休息吃飽像是特權、不想給客人亂摸騷擾像是特權、想跟伴侶坦承說在做這行像是特權，說出「這只是一份工作」也像是特權。在維基百科上查特權的定義，寫道：「所謂的『特權』，是指對於特定人士的特別待遇。」那我們的確有「特別待遇」，如果想要解釋我們的特別待遇是什麼，粉粉這樣說過，「每當別人問起你在做什麼，你第一時間會想起你的工作後猶豫再三。」這就是這行的特別待遇，社會若是欲攻擊女子，形象問題隨意就能信手捻來一把冷箭，射入骨髓。越普通的需求還是志向，越是需要煩惱。

思考很久訊息該怎麼打，這算道別信嗎？僅僅認識樂田兩個多禮拜，沒有義結金蘭那種深厚感情，不用寫得折柳相送無語凝噎那麼沉重。但這樣似掛記又無法把頭別過去的心情在揪著，過幾天後，傳了簡短的訊息：「我已經不在那邊工作了喔，以後要記得吃東西，不要再餓肚子了，很不健康啦～我認眞的。」

對方可能會覺得很摸不著頭緒吧，沒有交代爲什麼要離開之類的文明廢話，但心裡頓時就覺得：「啊，這樣就好了啦。」

秩序是控制的魔鏡，照映出人心裡的焦慮，放大心裡可能會出的動盪。讓我想到在南部的母親，過量囤積某個牌子的香皀，已經占用儲藏櫃的兩格空間，不知道什麼執念讓她覺得家裡的香皀隨時會不夠，但至今都未曾用完。後來看到好幾個網友分享自己媽媽也過度囤積根本用不完的香皀在家，才知道這種怪癖不是只有我媽獨有，是一種中年婦女特色，才覺得這種古怪的鑽牛角尖有點可愛。

疫情剛開始時，家裡有鑲嵌在牆裡面的儲物室，只有家人會知道「那裡」放了重要東西。所以洞裡乾坤是放了什麼？不是古董老酒、不是護照證件，打開滿滿都是口罩，一盒又一盒的火力展示。跟我媽通電話時，她說要寄十盒上來給我。想到母親的囤物癖要過渡到我身上來，反射性地產生厭惡感，推託說租屋處空間不夠，等我下個月回去時拿個一兩盒便好。

EP10

下來啊！我請妳喝一杯

同島不同命

沒想到再次回老家竟時隔半年以上，原本母親每週都打電話來問我什麼時候回去省親，後來變成母親嚴肅敦促我沒有打疫苗就不要回來。這個態度轉折之大，讓我懷疑背後有誰偷偷置換我母親的個性。

也不只是母親的個性被置換了，我原本的生活也從忙換爲空。好幾個晴日和與雨天過去了，許多不滿、發酸又憤世的心情像疊疊樂般，堆到心裡水泄不通彈指就能垮。不知道什麼時候才能復工，眞的就像新聞裡面說的同島不同命，憑什麼小姐就要沒有尊嚴的被掃進停業的黑洞？

手機再也沒有出現 John 提醒我隔天要上班的訊息。就這樣好幾個夜晚我在電腦前滑著一〇四看著工作，又回到還沒在摸摸茶工作前焦慮的心情。曾經在摸摸茶工作的時光好像已經離很遠了，有時候想想還會在心裡記起遇到的人和事：「眞的發生過？存在過？有沒有？有嗎？或許是我記錯？」種種事情回想起來都出現好幾個版本，造成同一事件的我多重在場。也是在這樣複製貼上的暗暝，以日後回想的姿態在電腦前一字一句寫下，探頭看看自己的內在到底裝了什麼。因爲是以日後回想的身分重新進場，回憶中都是全景敞開式景觀，使我對一個事件或觀點產生斷裂與抽離。可憐自己這兩年來發生的事，卻又有旁觀他人之苦的感覺。或是想起一張張女性臉孔，有微笑甜甜的、目光鋒利的、眼神柔軟的，更多時候我記不起大多數人的名字，只記得一個大約印象，或更枝微細末的小事。

不知道誰在休息室上總是放好幾罐香水，好像還有一次有人買了婦潔新出的噴頭式罐裝，小姐們在休息室搶著要試用，在廁所往內褲裡面一噴，出來是暗紅色的碘酒味液體，「好臭！」我記得有人這樣說。大家紛紛傻眼，這下子等下怎麼接客人。這種片片斷斷的小事好幾次回想都有不同的感覺並存，有時候感覺在摸摸茶工作的日子也沒那麼辛苦，反倒像是瑣碎片段各行其是後又紛紛匯聚成海洋，有了不同的厚度。有時下筆勾起陰鬱之事，正面交鋒放聲大哭後也就這樣了，遇到什麼衰小破事毫無脈絡可循。就這樣，花了四 五個晚上，我在自己的Medium寫了一篇關於午場酒店的文，然後就放在雲端海溝上好一陣子不曾再開過。

又來了，又要交房租了，花了好幾個晚上在一〇四奴隸銀行不斷投出求職信，每一次的送出我都覺得比上一封又沉進更深的海裡。老實說，從開始做摸摸茶後，我論文幾乎沒有再開過，上次開啓時間是二〇一九年十月十一日，只是開起來調整格式，毫無任何實質進展。

逃避的水坑是自己越挖越大的，但每每想到總覺得無限疲憊，總覺得有更重要的事情要做，錢，我要賺錢。

後來在補習班打工過短短時間，工作疲勞程度跟薪水不成正比，每天十點、十一點到家倒頭就大睡，幾乎有一種躺下就不想再起來的衝動。我一定是有衰神附身，每待過一處那地方必有大劫，用一句話來形容就是：「喝涼水都塞牙縫，穿道袍都遇見鬼。」泡在屁孩堆裡不到五個月的時間，就聽說一個國中生暑假從歐洲回來後被驗出武漢肺炎，在被驗出來前他曾來補習班上過一堂課。消息一出，補習班人心惶惶，我的班表也面黃肌瘦，從一個禮拜四天被砍到一個禮拜兩天，後來整個補習班都暫時歇業。衰神衰起真的寸步難行，人在爛時局裡一切由不得你。奇怪的是，好幾次你明明已經很靠近岸邊了，怎麼努力划卻還是接近不了，老是有擾動的水流把你帶著走。這眞是四面楚歌啊，非正式僱用的時間越長，找工作就越不利。聽聞一個也是近中年的朋友，畢業只做過一份正式工作，之後十年間到處打零工或做承攬工作維持生計。他說做了非正職工作後就很難再回到正職職場，因爲某次他在人力銀行上看到一個有興趣的正職，被邀請面試後，人資直接告訴他，以他現在近三十歲的年紀等於一個職場新鮮人，只能領職場新鮮人的起薪。即使說得清楚明白，人資還是給了他閉門羹，因爲除了十年前的第一份工作外，沒有其他數字能呈給上級，總之一切只能靠數字說話，那些毫無生活感的數字。

糖爸爸

聽到朋友的分享，我開始對找不到正職工作有點覺悟了。無可奈何下冒險在包養網站尋找願意做單次性交易的客人，這個賺錢方法純然憑運氣。聽說有在上面遇到被富商包養的女大學生，助她完成課業，她只需偶爾陪寂寞富商吃吃飯，每個月就能領到固定的錢。這種都市傳說，我自己從來沒遇到。剛出社會時用過一陣子，遇到的也不是什麼商業巨擘，比較多是小資階級有點閒錢、沒時間交女友或常出差跑各地，還有外表抱歉去酒店消費自己也會汗顏的男性。包養網站上的男性自介個個寫得體面大方，薪水在網站上看上去鑲金包銀的，實際上多是畫著皮衣穿著衣裳的摳門鬼。有的說要先「培養感情」，實則把你當免費〇二〇四，三不五時要你傳裸照給他飽暖思淫，花了大把時間陪聊只爲了約一次出來交易的機會，這實在不划算。後來因爲經營客人太花心力與上面詐騙訊息太多，就漸漸不用了。這次既然再上去了，我決定來者不拒一個也不挑，但這次我感覺到從來沒有過的精神攻防。我不挑客人，但客人把包養網站上的女孩都當潛在感染源（那你還上來幹嘛）。以往只有遇過尋歡客問過情史、砲史，這非常時期多了交代旅遊史、病史，有關醫療的問題，從未如此大幅得到網站上男子們的重視。

來來回回互相交換資訊的探戈，約莫兩個禮拜後，像苦等戀情的女子終於得到善終，我則得到一個自稱開貿易公司的老闆禮拜五兩小時的開房。他跟我約在南港車站，七點一到我從車站出來，在雨中看到一台黑色賓士閃著大燈，打開門入前座，我看到是個面目端正的中年男。好險，那個抱著跟拐瓜劣棗玉石俱焚的心情總算可以放下了（還是沒有那麼衰嘛）。在車上他話不多，途中只問我要不要買點吃的帶進旅館，我還不餓，車子就直奔他預先找好的摩鐵。我真的覺得我運氣還不差，在疫情期間還能約到客人就想讓我燒香拜佛了，而且這男子真的相貌堂堂，舉止也有禮，感覺就是複製優勢階級出來的第二代。不急著一開房就上床，花了點時間跟我聊天，我忘記聊天內容是什麼了，可能是第一次跟網友見面要交代的一些自我背景吧，多半是公式化的自我揭露。我只記得大叔給人的感覺像經歷完美約會後你會期待接下來的性愛。而性愛確實令我滿意，不急著要求我服務他，他用心逗引我的慾望，用指尖來回輕觸我身體，我感覺到我毛孔自由舒張，令我興奮、令我狂喜。在疫情下我已經一陣子沒有砲打了，已經到了求歡若渴的地步，我想念唇齒纏綿的感受、也想念汗溼緊緊吸附在身體上的黏膩感、想念陰部鼓脹與收縮。沒想到只不過幾個月沒性生活，我腦中竟都是小時候看總裁系列言情小說的色色情節，但凡這時候出現一個還可以的性愛對象，我都覺得像風灌滿帆船，將我壓抑的慾望越吹越鼓脹。性愛跟覓食一樣重要……性愛跟覓食一樣重要……

後來繼續跟這位斯文大叔配合了幾次，讓我支撐了兩個月的房租。在一個夏日凌晨，我如常在陽台抽菸，看大片的鐵皮屋頂、高樓，看著樓下新開的時髦酒吧車子一台接一台載走醉酒的客人。可能是打烊時間將至，幾個店員紛紛走出來抽菸，他們制服單薄，咬著菸雙手邊搓熱著掌心。一個店員抬頭對上我的視線，一個乾淨瘦削的年輕男子，在一樓對我大喊：「怎麼還沒睡？下來啊！我請妳喝一杯。」感覺無預期被點擊，路燈光線如銀打在男子的臉上，眞好看。這時候的我感覺渺小最無用，只不過一句話就讓我感覺無限的遙遠與隔閡，整天無所事事在家的我，要跟剛工作完的時髦男子聊什麼呢？在未來一片混沌的情況下自暴自棄的想法一直來攪局。我下意識地縮避回房間。

出於很庸俗的原因，滑臉書看到BIOS的新企劃，名叫「徵友啓事」，企劃大約是什麼故事都可以，選中的作者一篇有稿費三千，預計徵稿三篇。我算算，不是一字千金，是一篇三千金，三篇就有九千金，不是多可觀的數字，但至少可以保我家貓幾個月糧食無虞。想起躺在雲端海溝已久的那篇文章，便把它打撈上來。若要說什麼最能打發膠著的光陰，在電腦前好整以暇地把投稿的專欄計畫整理成文字，應該是看似最無用卻最能轉移注意力的事了。又再一次接到無預警的點擊，床伴在清晨叫醒我，說我手機通知吵得他睡不安穩後，我才解鎖手機看看是不是我媽急著又要寄口罩給我。

點擊

深深吸一口氣，文章比我預期的還多人點擊，雖然網路世代點讚的動作是在回應自身的心理認同，但人往往是在小事上被拯救的，總是在角落旁對空氣自言自語的女孩突然被陌生人說：「我注意到妳在這裡喔。」在那個太多目光注視的世界裡我第一次出生，我感覺強壯。

拉開窗簾讓陽光照了進來，地板溫熱，甚至發燙，可能日正當中，把事物輪廓照得太清晰，讓房間裡一切的一切都無所遁形。粉粉上個月還傳簡訊給我，打零工的她被積欠一個月薪水，其他小姐們毫無音訊。歸根究柢，我終究還是多數者，終究還是屬於有機會的人。後來粉粉還是故作沒事的在訊息裡面夾帶了一個玩笑，帶過生存的貧窮。那種從心裡陰暗洞穴勉強擠出的笑，是維持內心世界平衡的一種方式，勉強的活過生活的每一天。

後來因爲文章反饋還可以，的確稍微改變了生活的困頓狀態與霉氣體質，有些邀約，有些合作，有朋友丟了設計案給我主導。啊，完全沒想到有這樣轉變啊。童年時候，難免都想過「長大要成爲什麼樣的人」，四年前初來台北的時候也給自己預設了一個幸福的目標。後來才知道，大多的時候我們什麼也沒有變成，有些時候聽著別人的故事，被迫覺得自己不在任何標準常規裡面，就會懷疑自己是不是哪裡出了問題，這時候的「幸不幸福」就變成一種暴力了吧。

然而，還是有偶然、片斷的小小的好事發生，讓你可以暫時忘掉無法釋懷之事。平凡庸碌的每一天，覺得日日一樣的自己，我相信，一定也在某些時候，改變著。

今天晚上我應該會去對面那間酒吧光顧一下。

VIEW 111

歡迎光臨午場酒店

作　者—少女A
主　編—李國祥
企　畫—吳美瑤
編輯總監—蘇清霖
董事長—趙政岷
出版者—時報文化出版企業股份有限公司
108019臺北市和平西路三段二四〇號三樓
發行專線—（〇二）二三〇六—六八四二
讀者服務專線—〇八〇〇—二三一—七〇五
（〇二）二三〇四—七一〇三
讀者服務傳真—（〇二）二三〇四—六八五八
郵撥—一九三四四七二四時報文化出版公司
信箱—10899臺北華江橋郵局第九九信箱
時報悅讀網—http://www.readingtimes.com.tw
電子郵箱—genre@readingtimes.com.tw
法律顧問—理律法律事務所　陳長文律師、李念祖律師
印　刷—勁達印刷有限公司
初版一刷—二〇二二年三月二十五日
定價—新臺幣三五〇元
版權所有　翻印必究
（缺頁或破損的書，請寄回更換）

時報文化出版公司成立於一九七五年，
並於一九九九年股票上櫃公開發行，於二〇〇八年脫離中時集團非屬旺中，
以「尊重智慧與創意的文化事業」為信念。

歡迎光臨午場酒店 / 少女A著. -- 初版. -- 臺北市：時報文化出版企業股份有限公司, 2022.03

面；　公分. -- (View；111)

ISBN 978-957-13-9964-5(平裝)

1.CST: 特種營業 2.CST: 臺灣

544.76　　111000458

ISBN 978-957-13-9964-5
Printed in Taiwan